Kenntemich/Feldrapp · Oberfranken

Anton Kenntemich
Reinhard Feldrapp

Oberfranken

Gondrom

ISBN 3-8112-0790-3 – 1. Auflage 1993
© 1993 by Gondrom Verlag, Bindlach
Satz: Kreisl Repro + Satz GmbH, Hof
Gesamtherstellung: Interdruck Leipzig GmbH
Printed in Germany

Übersetzung:
Matthew C. Maxwell (englisch)
Michèle Moncharmont (französisch)

Abbildung S. 112/113: Wolfgang Lammel

Oberfranken

Kaum ein Reisender, der hierherkommt, wird sagen, er komme nach Oberfranken; er sagt etwa: in die Fränkische Schweiz, den Frankenwald, ins Fichtelgebirge, nach Bamberg, Bayreuth, Coburg oder einfach nach Franken. Die hier wohnen, verstehen sich eher aus ihrer nächsten Umgebung, aus der Landschaft – und als Franken. Was aber ist dann Oberfranken? Zunächst ein Verwaltungsraum. Zugleich uraltes Kulturland.

„Gar nahe mitten in Teutschland liegt das Frankenland und wird umbfangen mit dicken Wäldern und rauhen Bergen", schrieb 1544 Sebastian Münster in seiner „Cosmographey". Lange Zeit gab es als Region nur Franken, das in Deutschlands und Europas Mitte lag, verwinkelt, verschachtelt, zersplittert, selber ohne bestimmende Mitte, aber offen nach allen Seiten. Dieses Franken mit seinen verschiedenen Territorien kam Anfang des 19. Jahrhunderts, als Napoleon Länder und Völker durcheinanderwirbelte und das alte deutsche Reich zerschlug, an Bayern und wurde schließlich eingeteilt in die Regierungsbezirke Ober-, Mittel- und Unterfranken – Teile des modernen Gesamtbayern.

Oberfranken also: nördlichster Regierungsbezirk im Freistaat, 7231 Quadratkilometer groß, gut 1 Million Einwohner, Nordostbayern – das klingt amtlich, kühl und wenig fränkisch. Es erinnert so gar nicht an das „Teutsche Paradeiß", das Magister Johann Will, Pfarrer in Creußen, 1692 „in dem vortrefflichen Fichtelberg" fand, an „Sanspareil": „Ohnegleichen", wie die Markgräfin Wilhelmine ihren Felsengarten im Fränkischen Jura nannte, an die „drei Himmel um Bayreuth", von denen der Dichter Jean Paul schwärmte, oder an den Ausspruch des gelehrten Bamberger Domherrn Albrecht von Eyb im 15. Jahrhundert, der dann sprichwörtlich wurde: „Wenn Nürnberg mein wär', wollt' ich's in Bamberg verzehren!"

Grenzland in Europas Mitte

Coburger Land, Frankenwald und Thüringen: einst schlug hier „das grüne Herz Deutschlands"; es schlägt noch heute in der Landschaft, durch die viel zu lang eine eiserne Grenze ging. Offene Fluren, viel Wald, wogende Felder, ferne Horizonte, Höhen und Bergkuppen, Rundblicke zum Fichtelgebirge, in die Mainlande. Thüringer Wald und Frankenwald: der Rennsteig, der alte Höhenweg von Hörschel an der Werra bis nach Blankenstein an der Saale, führt auch ein Stück durch fränkisches Gebiet. Kurierweg, Grenzweg, Wasserscheide, bildete er die Stammesgrenze zwischen Thüringern und Franken, trennte die Stämme, die Kirchen, die Sprachen, die Rechte und Gesetze, die Münzen, Maße und Gewichte, auch das Wetter und das Wachstum – und er verband auch, verbindet wieder. Viktor von Scheffel, der den Rennsteig erwandert hat, schrieb über „die alte Landesscheide" 1863 in einem Gedicht:

„Du sprichst mit Fug, steigst du auf jenem Raine:
Hie rechts, hie links! Hie Deutschlands Süd, dort Nord.
Wenn hie der Schnee schmilzt, strömt sein Guß zum Maine,
Was dort zu Thal träuft, rinnt zur Elbe fort;
Doch auch das Leben weiß den Pfad zu finden,
Was Menschen trennt, das muß sie auch verbinden."

Oberfranken war immer Grenzland: zu Thüringen, zu Sachsen, zu Böhmen und zur Oberpfalz; aber immer auch Mitte, Herzland Europas, nicht nur geographisch: zwischen Paris und Warschau, Amsterdam und Wien, Skandinavien und Italien; Mitte auch als europäische Wasserscheide zwischen Rhein, Elbe und Donau, also zwischen der Nordsee und dem Schwarzen Meer. Mitte als Land der Pässe und Übergänge, der Heer- und Handelsstraßen, Brückenland zwischen Franken und Böhmen, Bayern und Preußen, den mitteldeutschen Kleinstaaten und Süddeutschland. Mitte für den Austausch von Gütern und Ideen, für Kunst- und Kulturströme, die sich hier mischten, klärten, zu Neuem und Eigenem wandelten.

Dank der zentralen Lage entstand im östlichen Oberfranken frühzeitig eine rege Industrie. Überall rauchten die Schornsteine, sausten die Webstühle. Durch Hof, Bayerns „Manchester", brausten die Fernzüge, Marktredwitz wurde Schnittpunkt der großen europäischen Eisenbahnlinien, „Drehscheibe Europas". Oberfranken gehörte damals zu einem geschlossenen Wirtschaftsraum, der Thüringen, Sachsen und Böhmen umfaßte, war Teil des zweitgrößten Industriegebiets des Deutschen Reiches, mit dem Schwerpunkt in Mitteldeutschland. Nach dem Zweiten Weltkrieg wurden diese traditionellen Verbindungen abrupt unterbrochen, aus der Zentrallage wurde Peripherie: Zonenrandgebiet, toter Winkel, Ende der Welt. Heute, nach der Vereinigung Deutschlands, darf diese Region hoffen, ihre Brückenfunktion im Herzen Europas wiederzugewinnen.

Dabei ist Oberfranken geschichtlich und kulturell so unterschiedlich geprägt wie Franken überhaupt, dessen gemeinsamer Nenner bekanntlich die Vielfalt ist. Es besaß nie ein politisches Zentrum, nie eine repräsentative Hauptstadt; dafür bilden heute die kreisfreien Städte Bamberg, Bayreuth, Coburg und Hof vier Zentren mit je eigenem Charakter, eigener Tradition. Die regionalplanerische Gliederung in Oberfranken-West und Oberfranken-Ost spiegelt noch die im Mittelalter grundgelegte Doppelpoligkeit mit dem Hochstift der Bamberger Bischöfe im Südwesten und dem Markgrafentum Kulmbach-Bayreuth im Nordosten. Dazwischen gab es zahlreiche Besitzungen der Klöster, der ritterschaftlichen Geschlechter – ein Mosaik aus bunten Steinen und Splittern. Die Unterschiede sind noch heute sichtbar.

„Schauspiele der Natur"

Kontrastreich, vielschichtig und vielgesichtig ist auch das Landschaftsbild Oberfrankens. Geologisch erschließen sich hier vom alten Grundgebirge bis zum jüngeren Deckgebirge und damit vom Erdaltertum bis zur Gegenwart alle bedeutenden Stationen der Erdgeschichte: mehr als 500 Millionen Jahre. Der Reichtum an geologischen Formen, der Wechsel der Gesteine auf engstem Raum führen immer wieder zu neuen, faszinierenden Eindrücken. Dazu kommt der Wald als bestimmendes Element; fast 40 Prozent der Gesamtfläche Oberfrankens sind mit Wald bedeckt.

Im Westen setzt sich das Hochplateau der Fränkischen Alb mit hohen Stufenrändern markant vom Albvorland ab. Die romantische Landschaft um die Wiesent und ihre Nebenarme, im Städtedreieck Bamberg – Bayreuth – Nürnberg, wurde früher einfach das „Gebürg" genannt, im letzten Jahrhundert dann „Fränkische Schweiz" – und dieser Name hat sich gehalten. 1829 schrieb der Bamberger Kunstsammler Joseph Heller in seinem Handbuch für Wanderer: „Was die Schweiz im Großen giebt, findet man hier in verjüngtem Maßstabe, und oft für das Auge angenehmer. Hier läßt sich die hehre Natur mehr zum Menschen herab." Geologisch ist die Fränkische Schweiz der Nordausläufer des Jura, der sich von der echten Schweiz bis an den Obermain zieht. Dem Jura sind auch die landschaftlichen Reize und Eigenarten zu verdanken: weitgespannte Hochflächen und enge, tief eingeschnittene Täler mit steilen Wänden und gewundenen Flußläufen, einsame Trockentäler, bizarre Felsformen aus Dolomit, eine typische Kalkflora mit Frauenschuh und Türkenbund, Feldenzian und Silberdistel.

Und dann der Zauber der Tropfsteinhöhlen, die Wildnis unter der Erde: etwa 700 Höhlen durchziehen die Fränkische Schweiz und machen sie zum höhlenreichsten Gebiet Deutschlands. Nicht alle besitzen Tropfsteine, aber alle sind sie aus dem Wasser geboren, aus Wasser und den Kalken des erstarrten Jurameers. Erdbewegungen erzeugten ein Netz von Rissen, Klüften und Verwerfungen. Das in die Tiefe sickernde Wasser erweiterte die inneren Hohlräume und sorgte für die Verkarstung. Dies führte zur Wasserarmut der Hochflächen, so daß die Bauern früher auf Hülen und Zisternen angewiesen waren oder ihr Wasser aus den Tälern holten, wo die Quellen reichlich sprudeln. Interessante Karstgebilde finden sich an den Berghängen: Grotten, mächtige Felsbrücken, Felstore – „zu Tage liegende Schauspiele der Natur", wie Johann Gottfried Köppel in seinen Reisebriefen 1794 bewundernd schrieb. Mit den wechselnden Naturszenen verbinden sich dann die Zeugen menschlicher Tätigkeit: Burgen und Ruinen, verträumte Mühlen, Dörfer und kleine Städte.

Den Übergang von der Fränkischen Schweiz zu den nordöstlichen Grundgebirgen des Frankenwalds und des Fichtelgebirges bildet das Obermainische Bruchschollenland, eine schmale Senke, in der sich die Quellflüsse zum Oberen Main hin sammeln. Entstanden ist dieses Bruchschollenland durch tektonische Spannungen, wobei der Raum, der von Coburg bis Bayreuth reicht, in kleine Schollen zerbrochen und zerstückelt wurde. Die meisten der tektonischen Formen verlaufen parallel zur Fränkischen Linie, jener gewaltigen Überschiebung, die geradlinig von Nordwest nach Südost durch Oberfranken zieht und das alte Grundgebirge vom jüngeren Deckgebirge trennt. Auch im Obermaintal überrascht der ständige landschaftliche Wechsel. Als weichgeschwungenes Keupertal beginnt es unterhalb Kulmbachs beim Zusammenfluß des Weißen Mains, der aus dem Fichtelgebirge, und des Roten Mains, der vom

Fränkischen Jura her kommt. Die felsigen Ränder der Alb künden das Jura-Maintal an. Nach den walddunklen Eisensandsteinhöhen der Banzer Berge und den Riffelsen des Staffelbergs gewinnt die Landschaft wieder weichere Züge, öffnet sich dann in die Weite des Bamberger Talkessels. Gegen Norden wird das Obermainische Bruchschollenland abgeschlossen mit der Coburger Region. Ihr Reiz liegt in der leicht überschaubaren Gliederung: im Wechsel von Plateau-, Becken- und Talgrundlandschaften, in kulissenartigen Nadel- und Laubwäldern, Feldern und Wiesen, Heide- und Moorbereichen. Die feinkörnigen, warm getönten Sandsteine des gesamten Raums lieferten Bausteine für zahlreiche Bauwerke, z. B. für die Veste Coburg, die Plassenburg in Kulmbach, die Festung Rosenberg in Kronach.

Als dunkle Mittelgebirgsmauer steigt der Frankenwald über dem Obermainland auf. Mag seine waldige Front zunächst abweisend und verschlossen erscheinen, so führen doch viele Tore in das Landschaftsinnere. Es sind die Täler, schluchtartig eingekerbt und von Bächen durchrauscht, bis zum Grund mit Fichtenwäldern bestanden – Täler von fesselnder Wildheit. Anders dagegen die sanftwellige, von Rodungsinseln durchsetzte Hochfläche; sie läßt sich am besten vom höchsten Berg, dem Döbraberg (795 m), aus überblicken. Wald der Flößer, Köhler und armen Sägmüller. Grau schimmernde Schieferdächer und Schieferhäuser in den Dörfern. Die Schieferverarbeitung prägte den oberen Frankenwald. Nirgendwo sonst gibt es so viele verschiedenartige, oft rasch aufeinanderfolgende Gesteine. Gneise, Quarzite, Tonschiefer, Grauwacke, Talkschiefer, Metanorite, Diabase usw. wurden durch Faltung, Abtragung und Vulkanismus bunt durcheinandergeworfen. Nach Osten zu geht der Frankenwald in die Münchberger Gneishochfläche und das Bayerische Vogtland um Hof über. Ein weiträumigeres Land – mit endlos aneinander gehäuften Bergrücken, Höhenzügen, Kuppen und Küppchen.

Frankenwald und Erzgebirge, Böhmerwald und Oberpfälzer Wald treffen sich im zentralen Gebirgsknoten des Fichtelgebirges. Domartig streben die Gipfel des Schneebergs und Ochsenkopfs empor, mit 1053 m und 1024 m die höchsten Erhebungen Frankens. Sie bilden zusammen mit den Gipfeln des Waldsteins (880 m) und Kornbergs (827 m), der Kösseine (938 m) und dem Höhenzug des Steinwaldes ein nach Nordosten offenes Hufeisen, das die Wunsiedler Hochfläche umschließt. Das Hohe Fichtelgebirge ist aus verschiedenen Graniten aufgebaut, die als glutflüssige Tiefengesteine vor rund 250 Millionen Jahren in der Erdkruste aufstiegen und noch unter der Oberfläche erstarrten. Erst die Aufwölbung im Zuge der Gebirgsfaltung und die Abtragung des Deckgebirges brachten sie ans Tageslicht. Durch Verwitterung und Brüche wurden die einst mächtigeren Berge in langen Zeiträumen abgeschliffen und gerundet, so daß eine Mittelgebirgslandschaft entstand mit weichen, sanft geschwungenen Höhen und stundenweiten Fichtenwäldern. Ihren Namen mag man, wie schon 1542 Caspar Bruschius, von den vielen Fichten herleiten oder als „Vichtelberg", das heißt Wichtelberg, aus dem Sagenschatz, der viel von Wichteln und

Gnomen, Elfen und Moosweiblein zu erzählen weiß. „Scheitel Germaniens" wurde das Fichtelgebirge auch genannt. Wohl deshalb, weil es das Quellgebiet von vier Flüssen ist: Eger, Saale, Main und Naab, die nach allen vier Himmelsrichtungen auseinandergehen und beiderseits der europäischen Wasserscheide hier die Nordsee, dort das Schwarze Meer erreichen.

Als „Schatzkammer der hochschätzbaren Metall und Edelsteine" hat Magister Johann Will das Fichtelgebirge, dieses „anmuthige Paradeiß", 1692 gerühmt. War es doch im Mittelalter und noch lange danach ein Zentrum des Gold-, Silber-, Zinn- und Eisenbergbaus. Ortsnamen wie Arzberg (Erzberg) oder Goldkronach erinnern an diese Zeit; ebenso etliche Sagen von Venedigern, Walen und anderen Schatzgräbern, die in geheimen Gängen und Klüften nach Gold und edlem Gestein schürften. Mit etwas Glück kann man selbst heute noch in „Bayerns steinreicher Ecke" ein wertvolles Mineral finden. Oder grüngoldnes Leuchtmoos, das es in einigen Klüften noch gibt, dort, wo auch der Siebenstern blüht, die Symbolblume des Fichtelgebirges.

Ein dunkler Ernst umgibt die Moore, deren organische Substanzen zu Torf wurden: die Seelohe am Fichtelsee oder die Wolfslohe an der Fichtelnaabquelle. Da sind die engen Täler der Gebirgsbäche, die sich wie der Weiße Main, die Steinach, die Ölschnitz ihren Weg ins Vorland bahnen. Gerölle aller Größen beweisen den Kampf um die Wasserscheide und die unterschiedliche Widerstandskraft der Gesteine. Aber erst in der Granitwildnis der Gipfel und Gipfelhänge gewinnt Frankens höchstes Gebirge den Charakter einer Urlandschaft – mit granitenen Türmen und Trümmern, Blockmeeren und Labyrinthen, von denen das Felsenlabyrinth der Luisenburg als berühmtestes Beispiel schon Goethe beeindruckt hat: „Die ungeheure Größe der ohne Spur von Ordnung und Richtung übereinandergestürzten Granitmassen gibt einen Anblick, dessengleichen mir auf allen Wanderungen niemals wieder vorgekommen…"

Verschiedene Landschaften reichen nur noch mit einem Teil ins oberfränkische Gebiet, dehnen sich noch weit nach Westen oder Süden aus: die Gründe der Itz und Baunach, die Haßberge und der Steigerwald, das Main- und Regnitzland. Der Steigerwald, ein maßvolles Mittelgebirge, bis knapp 500 Meter hoch, hat seinen Namen von den „Steigen", den Steilpfaden, die von der Ebene zur Höhe führen. Die großen Laubwälder, die sich hier halten konnten, sind ein Erbe der Weißen Mönche, die vom ehemaligen Zisterzienserkloster Ebrach aus das Land kultivierten. Man nennt den Steigerwald gern „Franken mal drei"; denn Ober-, Mittel- und Unterfranken laufen auf ihn zu, begegnen sich hier und bringen etwas von dem mit, was für sie selbst typisch ist: Wald, Wein und blinkende Karpfenweiher.
Die breiten Flußtäler von Main und Regnitz, mild, fruchtbar, siedlungsfreundlich, sind die großen Lebensadern Oberfrankens. Durch das Regnitztal öffnet sich das Land zum mittelfränkischen Zentrum um Nürnberg, durch das Maintal nach Unterfranken und mainab zum Rheingebiet.

Vorfahren – Zeugnisse der Vor- und Frühgeschichte

Nachrichten von Menschen, die vor vielen Jahrtausenden hier gelebt haben, geben uns die archäologischen Funde: Werkzeuge, Waffen, Schmuck und Tongefäße, zumeist aus Gräbern stammend. Die älteste Besiedlung des heutigen Oberfranken fand in der Altsteinzeit, vor etwa 100000 Jahren statt. Es waren Jäger und Sammler, die in Zelten und Astverschlägen hausten und bereits zahlreiche Geräte aus Stein verfertigten. Die wichtigsten Fundorte liegen am Obermain zwischen Lichtenfels und Kronach. Gegen Ende der Altsteinzeit, vor etwa 12000 Jahren, wurden auch die Höhlen der Fränkischen Alb von Jägergruppen aufgesucht und bewohnt. Seit der Bandkeramik, einer jungsteinzeitlichen Kultur um 2000 v. Chr., die nun Ackerbau und Viehzucht, Hausbau und Keramikproduktion betrieb, war Oberfranken mit Ausnahme der Mittelgebirge Steigerwald, Frankenwald und Fichtelgebirge besiedelt. Der bekannteste Fundplatz ist die Jungfernhöhle bei Tiefenellern, am Westrand der Fränkischen Alb: hier fand man neben Scherben, Stein- und Knochengeräten auch die zertrümmerten Reste von 38 Menschen, fast ausschließlich Frauen und Kindern, die gewaltsam getötet und offensichtlich verzehrt worden waren. Es gibt Funde ähnlicher Art in einigen anderen Höhlen Europas. Forscher sehen hier einen Zusammenhang von Menschenopfern und archaischen Fruchtbarkeitsvorstellungen.

Mit der Bronzezeit begann sich, wie die Beigaben in Gräbern zeigen, eine soziale Gliederung zu entwickeln, die dann in der letzten bronzeführenden Kultur, der Urnenfelderkultur (12.-8. Jahrhundert v. Chr.), schon einen ausgeprägten Kriegeradel aufwies. Aber erst seit der La-Tène-Zeit, zur großen Epoche der Eisenzeit gehörig, also etwa seit dem 5. Jahrhundert v. Chr., können wir mit den vorgeschichtlichen Funden auch einen Volksnamen verbinden, nämlich den der Kelten. Die Kelten haben das Land von stark befestigten Höhenplätzen aus beherrscht. Solche Anlagen befanden sich z.B. auf der Neubürg bei Bayreuth, dem Turmberg bei Kasendorf, der Ehrenbürg bei Forchheim oder dem Staffelberg. Auch nach der Einwanderung der Germanen hat sich ein keltisches Substrat erhalten, das vor allem in Gewässer- und Flußnamen faßbar ist (wie Main, Rednitz, Pegnitz, Eger, Naab, Saale). Die große germanische Völkerwanderung führte, etwa ab Christi Geburt, zu einer neuen Besiedlung Oberfrankens und zur „Germanisierung" der ansässigen Kelten. Burgunder und Alemannen zogen durch das Land. Um 400 n. Chr. wurden erneut Befestigungen errichtet, vermutlich durch die Thüringer, die ihr Reich bis Passau ausdehnten. Im 6. Jahrhundert setzte die fränkische Landnahme ein, die nach der Vernichtung des Thüringerreichs 531 ungehindert fortschreiten konnte.

Die Franken, ein westgermanischer Stamm, erscheinen erstmals 258 n. Chr. in den römischen Quellen. Nach dem Zusammenbruch des Römerreichs errangen sie die Macht in Gallien und drangen über den Rhein nach Osten vor – bis ins Maingebiet, das nach ihnen benannt wurde. Die Franken siedelten zuerst in kleinen Dorflandschaften, übernahmen nach der Christianisierung die Organisation der Pfarreien, durchdrangen mit ihrer Herrschaft das Land. Aber sie blieben nicht allein. Slawische Siedler, für zahlreiche Orte namengebend, lassen sich spätestens seit dem 7. Jahrhundert nachweisen. Und von Südosten her kam es auch zu einer baierischen Einwanderung; damals freilich waren die „Boier, die nun Baiern hießen", fränkische Untertanen, an deren Spitze ein vom Frankenkönig eingesetzter Herzog stand. So ergab sich zu Beginn des Mittelalters im heutigen Oberfranken ein Zusammenwirken fränkischer, slawischer und baierischer Siedlung. Alle Bevölkerungsgruppen hatten Anteil an den großen Ausbauphasen, alle unterlagen sie auch dem Prozeß der Feudalisierung, der Entstehung der Lehensherrschaft.

„Hier ist die Hauptstadt der Welt"

Die Franken hatten das Land in Grafschaften, Gaue, eingeteilt. Verwaltungsmittelpunkte waren Pfalzen und Königshöfe. Zwei solche Orte werden 805 in einem Erlaß Karls des Großen genannt: Hallstadt bei Bamberg und die Pfalz in Forchheim; der Juraort Königsfeld taucht bereits 741 als „Chunigeshofe" in Urkunden auf. Nach dem Zerfall des fränkischen Großreiches ergriffen lokale Adelsfamilien die Chance, Grund und Macht zu erwerben, hier vor allem die Konradiner und die Babenberger. 902 wird erstmals die Burg „Babenberh" erwähnt – damit tritt Bamberg ins Licht der Geschichte.

Bamberg, die Sieben-Hügel-Stadt, das „deutsche Rom", verdankt Kaiser Heinrich II. seine Bedeutung. 1002 zum deutschen König gewählt, bei weitem nicht einstimmig, mußte Heinrich zunächst seine Anerkennung durchsetzen, bald auch den rebellierenden Markgrafen von Schweinfurt niederwerfen. 1007 gründete er mit seiner Gemahlin Kunigunde das Bistum Bamberg, wobei sich politische Ziele mit persönlicher Frömmigkeit verbanden. Dicht neben der Burg wuchs der Dom empor, der 1012 geweiht wurde: eine dreischiffige Basilika mit Querhaus und zwei Chören – Ausdruck der Verflechtung von Herrscheramt und Priesterwürde im sakralen Königtum. Heinrich II., der sich 1014 in Rom zum Kaiser krönen ließ, hat sein Bistum reich mit Gütern bedacht. Dazu kam der Glanz der liturgischen Ausstattung, der Geräte und Gewänder, der kostbaren Handschriften. Die „Bamberg-Idee" Kaiser Heinrichs interpretiert 1014 ein Preislied des Abtes Gerhard von Seeon, das den neuen Bischofssitz und das traditionslose Bamberg mit den Zentren der abendländischen Welt vergleicht, mit Jerusalem, mit Athen, mit Rom, und das in den Sätzen gipfelt:

> „Hier erglänzen die Berge von Gold, die Lasten von Silber, schimmernde Edelsteine zieren kostbare Seidengewebe…
> Hier ist die Hauptstadt der Welt, die Wiege jeglichen Ruhmes."

Die Mitte des Reiches und den „Nabel der Welt" stellte eine Säule auf dem Domplatz dar, später „Tattermannsäule" genannt, die erst 1779 abgebrochen wurde. Offenbar hatte man von der Säule aus die Distanzen der Stifts- und Klostergründungen gemessen. Dabei wurde sie Mittelpunkt eines riesigen Kreuzes, das sich über die Stadt Bamberg spannt und dessen Endpunkte die Benediktinerabtei St. Michael und die Stifte St. Stephan, St. Gangolf und St. Jakob bilden.

Nach ihrem Tod wurden Kaiser Heinrich († 1024) und Kaiserin Kunigunde (†1033) im Dom begraben. Das Grabmonument, das beide umschließt, hat Tilman Riemenschneider um 1500 geschaffen. Aus der berühmten Domschule, die Heinrich gegründet hatte, gingen bedeutende Männer des 11. Jahrhunderts hervor, Bischöfe und hohe Reichsbeamte. Bereits der zweite Bamberger Bischof, Suidger, stieg zum höchsten Kirchenamt auf: als Clemens II. wurde er 1046 Papst. Als er nach kurzer Amtszeit 1047 starb, wurde er auf seinen Wunsch hin in den Bamberger Dom überführt, der damit das einzige erhaltene Papstgrab jenseits der Alpen birgt. Im 12. Jahrhundert missionierte Bischof Otto I., der Heilige (1102-1139), die noch heidnischen Pommern und erhielt dafür den Titel „Apostel der Pommern". Aber auch im näheren Umkreis war Otto tätig, gründete und reformierte zahlreiche Klöster, baute Kirchen und Burgen, erwarb oder ertauschte weitere Burgen und legte so den Grund zur territorialstaatlichen Entwicklung des Bistums. Der Heinrichsdom endlich verdankte ihm seine Neuausstattung nach dem Brand von 1081. Doch 1185 traf den Dom ein zweites, verheerendes Brandunglück.

Im 13. Jahrhundert, unter Bischof Ekbert (1203-1237) aus dem mächtigen Hause der Grafen von Andechs-Meranien, erstand der Bamberger Dom in seiner heutigen, monumentalen Gestalt, viertürmig Erde und Himmel verbindend. Im Fortgang von Ost nach West und von Romanik zu früher Gotik wurde hier ein Kunstwerk von europäischem Rang geschaffen (Weihe 1236). Dabei bewahrte man die Konzeption des Erstbaus, somit auch die Doppelchörigkeit (Georgenchor im Osten, Peterschor im Westen). Außen beeindrucken noch immer die Portalzonen mit ihren Statuen, vor allem das Fürstenportal, dessen Blickziel das Jüngste Gericht ist: mit breit und fröhlich, unverkennbar fränkisch lachenden Seligen. Im Innern dann die zerbrechliche Leibesschönheit der Synagoge neben der Ekklesia, die Heimsuchungsgruppe der Maria und der Elisabeth, die sibyllinisch in die Ferne schaut, der lachende Engel, die erregt disputierenden Propheten – Meisterwerke der Steinplastik, aus mattgrauem Schilfsandstein geformt.
Plastisches Hauptwerk des Doms ist der Reiter: ein jugendlicher Herrscher, der gelassen auf seinem Pferd sitzt und ins Langschiff blickt – vergleichslos, rätselhaft, Objekt zahlreicher Deutungen. Wohl auf keine konkrete Person bezogen, verkörpert dieser Bamberger Reiter die königliche Macht und den Menschen der Vollendung. Der Baldachin, Symbol des himmlischen Jerusalem, hebt ihn in die Sphäre des Sakralen. Für das Mittelalter war ja die ganze Kathedrale, der Dom, ein Abbild der Himmelsstadt, und diese ideale Stadt verklärte die städtische Landschaft.

Allerdings gab es in Bamberg auch den Unterschied zwischen Berg und Tal, Geistlichkeit und Laienvolk. Denn zu Füßen der Bergstadt lag an der Regnitz, die sich hier in zwei Arme teilt, die Bürgerstadt. Früh schon siedelten Fischer, Handwerker und Kaufleute am „Sand", und bald dehnte sich die Stadt über die Insel aus. Auch die Häuser der Fischer griffen mit der Zeit aufs andere Ufer über und haben sich, vielfach umgestaltet, im malerischen „Klein-Venedig" erhalten. Zu den Häckern, die an den Hängen Wein anbauten, traten die Gärtner, die auf den fruchtbaren Schwemmlandböden im Osten Gemüseanbau betrieben (den ältesten in Bayern) und besonders durch das Süßholz und die Zwiebeln berühmt wurden. Das mittelalterliche Bamberg bestand aus vielen kleinen, befestigten Vierteln. Dabei kam es zwischen den Bürgern und den privilegierten geistlichen Herren immer wieder zu Konflikten („Immunitätenstreit"), in die sogar Kaiser und Papst eingriffen und die für die Bürger dann doch mit einer Niederlage endeten. So wurde mitten im trennenden Regnitzarm, aber Berggebiet und Talgebiet verbindend, um 1386 das ungewöhnliche, reizvolle Inselrathaus gebaut, das später sein barockes Gesicht bekam.

Klöster und Kirchen, Städte und Burgen

Nach dem Bamberger Kloster St. Michael (1015) erhielten die Benediktiner um 1070 mit Kloster Banz am Obermain eine zweite Niederlassung. In einem Tal gegenüber stiftete Bischof Otto der Heilige, unterstützt durch Schenkungen des Adels, 1132 Kloster Langheim, das er dem jungen Orden der Zisterzienser überließ. Diese hatten sich, aus Burgund kommend, schon 1127 in Ebrach im Steigerwald niedergelassen. Während Ebrach, zum Bistum Würzburg gehörig, in enger Beziehung zu den Staufern stand, wurde Langheim das Hauskloster der Grafengeschlechter Andechs-Meranien, Orlamünde und Truhendingen. Seit Mitte des 15. Jahrhunderts betreuten die Langheimer Mönche auch die bedeutendste Wallfahrt Frankens zu den Vierzehn Nothelfern mit der späteren Basilika Vierzehnheiligen.

Auch Frauenklöster entstanden, in denen die Nonnen, zumeist aus dem Adel, nach den Statuten des Zisterzienserordens lebten. 1260 wurde bei Coburg die Zisterzienserinnenabtei Sonnefeld durch eine Stiftung der Ritter von Sonneberg gegründet. Die Klosterkirche, heute evangelische Pfarrkirche, ist eines der mächtigsten gotischen Bauwerke Oberfrankens. Die Zisterze Schlüsselau im Grund der Reichen Ebrach war Gründung (um 1280) und Hauskloster der Edelfreien von Schlüsselberg. Himmelkron, zwischen Kulmbach und Bad Berneck gelegen, wurde 1279 vom Grafen von Orlamünde und seiner Frau gegründet und zur Grablege des Geschlechts bestimmt. Der erhaltene Südflügel des Kreuzgangs ist ein bedeutendes Zeugnis spätgotischer Architektur mit reicher plastischer Ausstattung. Von den Feldern des Netzrippengewölbes

schauen steinerne musizierende oder singende Engel, die Noten oder alte Instrumente in den Händen halten: Laute, Trumscheit, Drehleier, Hackbrett, Sackpfeife und Harfe, Fidel und Triangel und vielfältige Blasinstrumente – ein einzigartiger Zyklus in der spätmittelalterlichen deutschen Bildhauerkunst.

Während dieser Epoche und darüber hinaus blieb die Gotik die bestimmende Ausdrucksform in Stadt und Land. In manchen Orten bieten Wehrkirchen, oft mit Friedhofsbefestigung, eindrucksvolle Beispiele für die ehemalige Schutzfunktion der Gotteshäuser. Zu den besterhaltenen gehören Königsfeld auf dem Jura mit dem massigen, im Kern romanischen Turm, Steinbach am Wald mit der für die Landschaft typischen Schieferbedachung und Effeltrich, wo die türmebewehrte Ummauerung auch das Ortsbild mitprägt. Chorturmkirchen sind für Oberfranken ebenso charakteristisch wie die Fünfknopftürme im Bamberger und Coburger Land: Malerisch wirkende Turmbauten, bei denen vier kleine Ecktürme die Basis der hohen Mittelspitze umgeben.

Mauern, Türme, Tore, die Kennzeichen der befestigten mittelalterlichen Stadt, haben sich in Oberfranken noch mehrfach erhalten, fast vollständig in Seßlach, zu großen Teilen in Kulmbach, am ausgedehntesten in Kronach, wo sogar die turmartige Annakapelle auf der Mauer in das Verteidigungssystem einbezogen wurde. Bisweilen entdecken wir noch alte Stadttore, in Weismain und Lichtenfels auch Tortürme, die sich flankierend zur Seite des Tors erheben. Rathäuser und andere repräsentative Bauten sind markante Blickpunkte am Marktplatz, dem Zentrum städtischen Lebens. Ein einmaliges Ensemble hat die Stadt Forchheim bewahrt. Östlich der karolingischen Pfalz und späteren Bischofsburg erstreckt sich der Platz, den die großartige spätmittelalterliche Fachwerkhausgruppe mit dem Rathaus beherrscht. Dahinter die abgeschiedene Stadtpfarrkirche St. Martin, hochaufragend wirkt sie ins Platzbild hinein.

Burgen und Schlösser, einst Machtsitze und Machtzeichen, geben der Landschaft Oberfrankens ihr besonderes Gepräge. Die Vielzahl der im Mittelalter begründeten Burgen geht auf den freien Adel und die ritterlichen Dienstmannen (Ministerialen) zurück, dann auch auf die Landesherren. Als Höhenburgen im Juragebiet und im Frankenwaldvorland, als Talburgen zwischen den Steigerwaldausläufern waren diese Wohn- und Wehrbauten kaum bezwingbar. Viele sind zerfallen, andere wieder aufgebaut, manche nur dem Namen nach bekannt. Burg Zwernitz zeigt noch staufische Buckelquadern; Mitwitz (Unteres Schloß), eine mittelalterliche Wasserburg, wurde wie so viele andere Burgen zum Renaissanceschloß ausgebaut. Ganz im Norden, an der Grenze zu Thüringen: Burg Lauenstein, im 12. Jahrhundert auf einem hohen Bergkegel über dem Loquitztal errichtet, der Sage nach schon 915 durch den Frankenkönig Konrad I., heute Museum und zugleich Hotel, in dem gern romantische Brautpaare absteigen.

Am dichtesten waren die adeligen Burgsitze an den Felstälern der Wiesent und ihrer Zuflüsse zusammengedrängt. Um 1070 entstanden hier mit Pottenstein und Gößweinstein die ersten, um

1360 die letzten Burgen. Insgesamt gab es im Gebiet der Fränkischen Schweiz 149 Burgen. Davon sind heute noch 35 bewohnt oder bewohnbar, zwei von den adeligen Nachkommen der einstigen Erbauer: auf Burg Egloffstein leben seit 1184 die Freiherren von Egloffstein und auf Schloß Unteraufseß seit 1114 die Freiherren von Aufseß. Von der alten Burg „Ufsaze", benannt nach dem Flüßchen Aufseß, das der Wiesent „aufsitzt", stehen noch der Turm und die anschließende Kemenate, „Meingoz-Steinhaus" genannt. Zwölf Burgruinen ragen in die Landschaft, darunter die Neideck, das Wahrzeichen der Fränkischen Schweiz.

Von der Wiesent aus versuchten einmal die Edelfreien von Schlüsselberg eine eigene Territorialpolitik zu betreiben. Um 1216 übernahmen sie die Herrschaft Waischenfeld und bauten hier die Burg Schlüsselberg, die dem Geschlecht den Namen gab, schufen dann zwischen dem Steigerwald und der Oberpfalz sowie im Spessart und Odenwald eine ausgedehnte Grundherrschaft. Konrad II. von Schlüsselberg (um 1275-1347) stieg als Bannerträger, Geldgeber und Freund Kaiser Ludwigs des Bayern zur Elite des Reichs auf. Doch mit rigorosen Zoll- und Mautforderungen verärgerte er die mächtigen Nachbarn. Nach dem Tod Kaiser Ludwigs gingen die Bischöfe von Bamberg und Würzburg, zwei Brüder aus dem Hause Hohenlohe, sowie der Burggraf von Nürnberg zum Angriff über. Konrad, der letzte Schlüsselberger, fiel 1347 bei der Verteidigung seiner Burg Neideck durch ein Steingeschoß. Ein Sänger, Lupold Hornburg, widmete ihm „ein derbermliche clage" – es ist der älteste Nachruf in deutscher Sprache: „....Darumb er auch erworfen wart / Mit einem bliden steine / Zu Nidekg; der sehr Reine / Mußte sterben wegen seiner Güter."

Die Sieger teilten den Besitz. Das meiste ging an Bamberg, wo seit 1316 Fürstbischöfe residierten, die ihr Territorium, das Hochstift, immer weiter ausbauten und das Muster eines geistlichen Landesstaates schufen. Doch im Osten des Landes erwuchs den Bambergern ein starkes Gegengewicht: die spätere Markgrafschaft Kulmbach-Bayreuth.

„In Teutschland dergleichen Vestung nit zu finden sey"

Die Ebstorfer Weltkarte (um 1240), von der sich eine Kopie auf der Plassenburg in Kulmbach befindet, zeigt neben anderen wichtigen Weltgegenden auch „Francia orientalis": Ostfranken, mit Nürnberg, Forchheim, Bamberg und eben der Plassenburg. Ein rundes Jahrhundert nach der Siedlung am Bergfuß, Kulmbach (um 1035), wird erstmals 1135 die Burg über dem Zweimainland genannt: als Besitz der Grafen von Andechs, Herzöge von Meranien. Die Andechs-Meranier waren eine mächtige Familie, die mehrere Bischöfe stellte und deren Töchter um 1200 auf drei europäischen Thronen saßen; ihr Herrschaftsgebiet reichte von Ungarn bis Burgund und von Schlesien bis Merano an der Adria. Zu ihren Leistun-

gen in Oberfranken zählen der Ausbau von Kulmbach, die Gründung von Bayreuth und der Bau der Plassenburg. Als das Geschlecht 1248 ausstarb, fiel das Gebiet um Kulmbach an die Grafen von Orlamünde, das Bayreuther Land an die Burggrafen von Nürnberg. Die Orlamünder bauten die Plassenburg als Residenz aus und gründeten das Kloster Himmelkron; aber schon 1340 übernahmen die Hohenzollern-Burggrafen von Nürnberg auch Kulmbach und die Plassenburg.

An den Namen Orlamünde heftete sich die düstere Sage von der „Weißen Frau", dem ältesten und berühmtesten Schloßgespenst: die junge Witwe Kunigunde von Orlamünde soll aus Liebe zum Nürnberger Burggrafen ihre zwei Kinder getötet, die schlimme Tat dann im Kloster Himmelkron abgebüßt haben. Geschichtlich ist erwiesen, daß Kunigunde überhaupt keine Kinder hatte und daß sie, jung verwitwet, ins Kloster Himmelthron bei Nürnberg eingetreten ist. Doch die Sage war nicht auszurotten, und die Weiße Frau erschien in den Gewölben der Plassenburg, dann auf vielen Burgen und Schlössern der Hohenzollern, vor allem in Bayreuth und Berlin. Ein Christian Graf zu Stolberg dichtete:

„Gehüllt in weiße Witwentracht,
In weiße Nonnenschleier,
So schreitet sie um Mitternacht
Durch Burg- und Schloß-Gemäuer...
Die Weiße Frau! Sie allbekannt,
Zuerst gesehʼn in Frankenland."

Die hohenzollernschen Burggrafen begannen nun von der starken Plassenburg aus ihre Herrschaft zu bilden. In raschem Ausgreifen brachten sie Teile des Reichslandes Eger an sich, das spätere „Sechsämterland" mit den Ämtern Wunsiedel, Weißenstadt, Kirchenlamitz, Thierstein, Hohenberg und Selb, erwarben 1373 Hof und das Regnitzland von den Vögten von Weida und hatten schließlich den Ostteil Oberfrankens als relativ geschlossenes Territorium in Händen. 1363 bekamen sie das Fürstenprivileg, 1415 die Kurwürde und die Mark Brandenburg und nannten sich jetzt Markgrafen von Brandenburg-Kulmbach. In Mittelfranken war mit Ansbach ein zweites Zollern-Zentrum entstanden.

Der Bauernkrieg, der 1525 durch Franken fegte, hat die Markgrafschaften Kulmbach und Ansbach kaum berührt. Im Bambergischen dagegen gingen 150 Burgen und sechs Klöster in Flammen auf; die Bamberger Bürger solidarisierten sich mit den Aufständischen und zwangen den Bischof zur Flucht auf die Altenburg. Nach der Niederwerfung der Bauern zeigte sich das Hochstift gemäßigt, während Markgraf Casimir von Ansbach aus über einige seiner Städte und Dörfer strenges Gericht hielt. Die Reformation wurde im Fürstentum Ansbach-Kulmbach 1528 eingeführt: durch einen Befehl des Markgrafen Georg, ergangen von der Plassenburg. Die endgültige Anerkennung der evangelischen Lehre erfolgte auf dem obergebirgischen Landtag Ende 1528.

In Bamberg fand die Reformation zunächst viele Anhänger bei den Bürgern wie bei der Geistlichkeit, sogar am bischöflichen Hof. Erst Bischof Ernst von Mengersdorf griff energisch durch und stellte mit Zwangsmaßnahmen die alte katholische Ordnung wieder her. Für Oberfranken hatte die konfessionelle Spaltung weitreichende Folgen. Das Markgrafentum löste sich aus den bisherigen kirchlichen Bindungen, die Polarität zwischen Ost und West wurde noch verschärft, politische Grenzen wurden zu religiösen. Man spürt das noch heute. Andere Gegend – andere Mentalität, andere Sitten und Festbräuche.

Mitte des 16. Jahrhunderts versuchte Markgraf Albrecht Alcibiades mit brutaler Gewalt, sein Land auf Kosten von Bamberg, Würzburg und Nürnberg zu vergrößern. Nach anfänglichen Erfolgen des „wilden Markgrafen" schritt das Reichsheer ein, eroberte 1553 die Städte des Markgrafentums, und 1554 fiel nach siebenmonatiger Belagerung auch die Plassenburg, wurde niedergebrannt und zerstört. Den Wiederaufbau betrieb dann Markgraf Georg Friedrich von Ansbach, der 1557 die Herrschaft in Kulmbach übernahm. Unter der Bauleitung von Caspar Vischer entstand ein repräsentativer Monumentalbau, der Burg und Schloß vereinte. Selbstbewußt hat der Kulmbacher Baumeister erklärt: „In Teutschland dergleichen Vestung nit zu finden sey."

Ein Glanzstück deutscher Renaissancebaukunst ist der „Schöne Hof", der innere Turnierhof der Hauptburg. An seinen Arkadengängen wird auf 131 Sandstein-Medaillons die ganze Genealogie der Meranier, Orlamünder und Hohenzollern ausgebreitet – darunter auch, schlangenumwunden, Kunigunde von Orlamünde, die „Weiße Frau". Attraktionen anderer Art präsentiert heute das Deutsche Zinnfigurenmuseum in der Plassenburg: über 300 000 metallene Männlein, die reiten und fechten und szenisch die ganze Weltgeschichte erzählen.

Residenzstädte

Zu einer Zeit, als die Plassenburg noch feste Residenz der Markgrafen war, stiegen die Coburger Herzöge von ihrer Veste in die Stadt hinab und bauten sich an der Stelle eines durch die Reformation aufgelösten Barfüßerklosters die Ehrenburg (ab 1543): nach der Landshuter die zweitälteste Stadtresidenz der Renaissance in Deutschland. Freilich ist heute die Veste, auch „Fränkische Krone" genannt, der stärkere Magnet, nicht zuletzt wegen ihrer bedeutenden Kunstsammlungen und des einmaligen Rundblicks: hinein in den Thüringer und den Frankenwald, übers Fichtelgebirge zum Obermaintal, zu den Haßbergen, zur Rhön. Coburg, erstmals 1056 in einer Klosterchronik erwähnt, stellt einen Sonderfall in der Geschichte Oberfrankens dar. Jahrhundertelang war das Herzogtum dynastisch, politisch und wirtschaftlich nach Thüringen und Sachsen hin orientiert, auch wenn das Fränkische in der Sprache und der „Landesart" dominierte. Erst 1918 trennte man sich von Mitteldeutschland, und 1920 schloß sich der kleine Staat Coburg durch eine Volksabstimmung an den Freistaat Bayern an.

Der Ursprung der Veste läßt sich bis in die Stauferzeit (1150-1250) zurückverfolgen. Vermutlich stand schon im 9. und

10. Jahrhundert dort, wo sich heute die Stadt befindet, ein Königsgut. 1248 ging die Veste in den Besitz der Grafen von Henneberg, 1353 an die Wettiner, ursprünglich Markgrafen von Meißen, deren Nachfahren in mehreren Linien bis zum Ende des Ersten Weltkriegs regierten und die Stadt zu einem Kulturmittelpunkt machten.

So baute Herzog Franz Friedrich Anton (Regierungszeit 1799-1806) mit seiner großen Sammlung von Kupferstichen das Kupferstichkabinett auf der Veste auf (heute 300 000 Blatt). Sein Sohn Ernst I. (1806-1844) gab der Ehrenburg die neugotische Fassadenverkleidung und gestaltete den weiten Schloßplatz mit dem Hoftheater (heute Landestheater). Ernst II. (1844-1893) ließ den Hofgarten als englischen Landschaftspark anlegen und schuf damit eine großräumige Verbindung zwischen Stadtschloß und Veste. Internationale Bedeutung gewann Coburg im 19. Jahrhundert durch die geschickte Heiratspolitik des Fürstenhauses: seine Mitglieder standen an der Spitze zahlreicher Monarchien in Europa.

Die erste Blütezeit der Stadt fiel in die Renaissance. Schon 1528 wurde die Reformation eingeführt. Mehrmals machte Martin Luther Station in Coburg. Während des Reichstags in Augsburg lebte er von April bis Oktober 1530 auf der Veste, arbeitete an seiner Bibelübersetzung und diktierte u.a. die sogenannten „Coburger Psalter". 1541 wurde Coburg Residenzstadt, Herzogtum aber erst mit dem Amtsantritt von Herzog Johann Casimir. Aus seiner Regierungszeit (1586-1633) stammen die prächtigen Renaissancebauten mit ihren Ziergiebeln und stilvollen Ecktürmchen („Coburger Erkern"), die bis heute die Altstadt prägen: das Stadthaus, das Zeughaus, das Gymnasium Casimirianum, auch das Rathaus und manche Bürgerhäuser. Die Ehrenburg wurde ausgebaut, die Morizkirche, dem Stadtpatron St. Mauritius geweiht, wurde weitgehend vollendet. Obwohl der Dreißigjährige Krieg bald die Länder erschütterte, erlebte die kleine Residenzstadt unter Herzog Casimir ihren größten städtebaulichen und kulturellen Aufschwung.

Auch in Bamberg erinnert manches an den Bauwillen der Renaissance: Schloß Geyerswörth auf der Regnitzinsel, die Fassade der Alten Hofhaltung mit dem erkergeschmückten Kanzleibau oder das städtische Hochzeitshaus am Kranen. Zudem war das Hochstift auch darauf bedacht, sein Territorium zu sichern. In Kronach wurde die Veste Rosenberg, nördliches Bollwerk der Bamberger Bischöfe seit Otto I., ab 1564 zum Wohnschloß und in der Folgezeit zu einer mächtigen, nie bezwungenen Festung ausgebaut. Im ehemaligen Kommandantenbau der Veste Rosenberg ist heute die Fränkische Galerie eingerichtet, ein wahres Juwel unter den bayerischen Museen, mit bedeutenden Tafelbildern und Skulpturen aus der Zeit der Gotik und der Renaissance, auch mit vier Gemälden von Lucas Cranach d. Ä. (1472-1553), Kronachs berühmtestem Sohn.

Kulmbach verlor bald an Bedeutung. Der Entschluß des Markgrafen Christian (1603-1655), seine Residenz von der Plassenburg nach Bayreuth zu verlegen, konnte wegen der beiden Bayreuther Stadtbrände (1605 und 1621), dann wegen des Krieges erst

1642 voll verwirklicht werden. Dieser Dreißigjährige Krieg erfaßte auch das konfessionell gespaltene Oberfranken, in dem sich Hochstift und Markgrafentum nun als Feinde gegenüberstanden. Fremde Truppen verwüsteten Städte und Dörfer; oft waren es auch die eigenen Landsleute, die sich erbittert bekämpften. Es dauerte lange, bis man die Folgen des Krieges überwunden hatte. Aber dann begann eine neue Blüte. Überall im Land wurde gebaut, wölbten sich Kirchen und Klöster auf, lagerten sich Schlösser und Lusthäuser an neugeschaffene Plätze und Parks.

Barock und Rokoko – Schlösser, Gärten und Musik

Bayreuth, im weiten Talkessel des Roten Mains gelegen und relativ spät zur markgräflichen Residenzstadt erhoben, taucht 1194 als „Baierrute" – „Rodung der Baiern" – erstmals in einer Urkunde auf und wird dann 1231 als „civitas" (Stadt) erwähnt: eine herrschaftliche Siedlung mit Kirche, Schloß, Straßenmarkt und Mauerring. Von den älteren Teilen des Alten Schlosses steht heute nur noch der 1565 nach Plänen Caspar Vischers errichtete Achteckturm, das Wahrzeichen von Bayreuth.

Nach Markgraf Christian gab dessen Enkel und Nachfolger Christian Ernst (1655-1712) der Stadt bauliche Akzente, öffnete sie barocker Festlichkeit. 1662, zu seiner Vermählung mit Erdmuthe Sophie von Sachsen, hielt bereits die Oper in Bayreuth ihren Einzug. Auf dem Markgrafenbrunnen (heute vor dem Neuen Schloß) ließ sich Christian Ernst durch den Bildhauer Elias Räntz hoch zu Roß als Reichsmarschall und Türkenbezwinger darstellen, umgeben von den Allegorien der vier Fichtelgebirgsflüsse Saale, Eger, Naab und Main.

Sein Sohn Georg Wilhelm errichtete schon als Erbprinz eine eigene kleine Stadt mit Schloß, Ordenskirche und Theater: St. Georgen am See, und der künstlich angelegte „Brandenburger See" diente zugleich als Kulisse für zahlreiche Opern und Kostümfeste mit Seeschlachten, Feuerwerk und Wasserspielen. Als Markgraf baute Georg Wilhelm (1712-1726) noch das Jagdschloß Thiergarten und legte mit seiner Eremitage draußen vor der Stadt den Grund für die Bayreuther Gartenkunst.

„Man bauet zu Bareith ein dolles eremitage", schrieb damals der selber „vom Bauwurmb geplagte" Lothar Franz von Schönborn, Fürstbischof von Bamberg (1693-1729), Kurfürst-Erzbischof von Mainz und Erzkanzler des Reiches. Er war in Franken die überragende Persönlichkeit dieser Epoche, mit ihm begann auch die ausgedehnte Tätigkeit der Baumeisterfamilie der Dientzenhofer. Bamberg erhielt seinen ersten großen Profanbau durch Leonhard Dientzenhofers Residenz auf dem Domberg; in der Stadt wuchsen barocke Fassaden auf und Bürgerpaläste wie das Böttingerhaus oder die herrliche Concordia am Regnitzufer. Klöster und Stifte leisteten sich weitläufige Neubauten, so Ebrach im Steigerwald, St.

Michael in Bamberg, die Benediktinerabtei Banz. Und in Pommersfelden entstand, nach den Ideen des Bauherrn im wesentlichen durch Johann Dientzenhofer, das grandiose Schönborn-Schloß Weißenstein, mit dem ersten jener riesigen Treppenhäuser, die gerade für den fränkischen Barock so typisch wurden. Der Neffe von Lothar Franz, Friedrich Karl von Schönborn (1729-1746), Kirchenfürst in Bamberg und in Würzburg, übertrug dem genialen Balthasar Neumann die Leitung des gesamten Bauwesens. Mit seinem Schüler und Nachfolger Johann Jakob Michael Küchel schuf Neumann als bedeutendes Frühwerk die Wallfahrtskirche in Gößweinstein und schließlich, neben manchen anderen Bauten im Bistum, die Wallfahrtskirche von Vierzehnheiligen als Krönung barocker Sakralbaukunst: ein Ineinanderfluten von Ovalen, Kurven, lichten Wänden, zentriert um den fast schwerelos aufsteigenden Gnadenaltar. Dieser fand als durchgeistigte Vollendung des Rokoko sein Echo in der lächelnden Kunigunde auf der Unteren Brücke in Bamberg von Peter Benkert, in den Plastiken des Parks von Seehof von Ferdinand Dietz und dessen Statuen im Bamberger Rosengarten.

Das markgräfliche Bayreuth erlebte seine Glanzzeit unter dem Markgrafen Friedrich (1735-1763) und seiner Gemahlin Wilhelmine, der preußischen Königstochter und Schwester Friedrichs des Großen. Während der Markgraf hauptsächlich die Baukunst förderte, war die vielseitig begabte Wilhelmine auch den anderen Künsten zugetan: sie dichtete, malte, musizierte, komponierte sogar ein Cembalokonzert und eine Oper („Argenore"); ihre Memoiren wurden ebenso berühmt wie ihr Briefwechsel mit dem Bruder in Berlin, dem sie schrieb: „Nichts macht mir mehr Vergnügen als eine schöne Oper; meine Ohren leiten die holden Töne bis in mein tiefstes Herz. Ein schöner Garten, prächtige Bauten bezaubern mein Auge."

Die Eremitage wurde von ihr weiter ausgebaut, bekam künstliche Ruinen und Grotten, Bassins mit Fontänen und Wasserkünsten, die Orangerie mit dem Sonnentempel. In Sanspareil: „Ohnegleichen", fand die Markgräfin „die Natur selbst als Baumeisterin" vor; sie verband den Felsenhain mit antiker Mythologie und gestaltete eine frühe Vorform des Landschaftsgartens. Das markgräfliche Opernhaus wurde 1748 zur glanzvollen Hochzeit der Markgrafentochter vollendet: im Äußeren ein Werk von Joseph Saint-Pierre, hat der Theaterarchitekt Giuseppe Galli-Bibiena im Inneren noch einmal das ganze Pathos des Barock entfaltet. Das „Bayreuther Rokoko" wurde in den Innenräumen des Neuen Schlosses kreiert. Blüten- und Rankendekorationen, Chinoiserien, Muscheln, Spiegelscherben bekunden den eigenwilligen Geschmack am Markgrafenhof.

Eine eigene Stilentwicklung nahm das Fürstentum auch im Kirchenbau mit den zahlreichen „Markgrafenkirchen". Als bedeutsame Neuschöpfung entstand der Kanzelaltar, der in seiner Verbindung von Wort und Sakrament die protestantische Lehre sinnfällig zum Ausdruck bringt. Die reifste Lösung bietet die Pfarrkirche in Bindlach.

Aus Franken wird Bayern

Das Ende der oberfränkischen Territorien kam mit der Wende zum 19. Jahrhundert. Bayreuth war seit 1769 in Personalunion mit Ansbach vereinigt. Der letzte Markgraf, Carl Alexander, trat 1791 die beiden Fürstentümer an den König von Preußen ab. Unter dem reformfreudigen Minister Karl August von Hardenberg kam auch der junge Alexander von Humboldt als Oberbergmeister nach Franken und versuchte, die heruntergekommenen Bergwerke in Fichtelgebirge und Frankenwald zu reorganisieren; in Bad Steben gründete er eine bergmännische Freischule. Nach dem „preußischen Intermezzo" stand Bayreuth ab 1806 unter napoleonischer Herrschaft und kam 1810 an das Königreich Bayern.

Bamberg erging es ähnlich. Adam Friedrich von Seinsheim (1757-1779) und Franz Ludwig von Erthal (1779-1795) hatten als aufgeklärte Fürsten regiert und die Wirtschaft, das Schul- und Gesundheitswesen gefördert. Christoph Franz von Buseck (1795-1802) war dann der letzte Bamberger Fürstbischof. Der Friede von Lunéville 1801 brachte Frankreich in den Besitz der linksrheinischen Reichsgebiete; die deutschen Fürsten sollten dafür durch geistliche Fürstentümer und Reichsstädte rechts des Rheins entschädigt werden. Noch vor Abschluß der Verhandlungen, im September 1802, besetzte Bayern die ihm zugedachten Gebiete, darunter auch das Hochstift Bamberg. Die Übernahme erfolgte ohne Widerstand. Im Zug der Säkularisation von 1803 wurden die Stifte und Klöster in Stadt und Bistum größtenteils aufgelöst, Kirchen wurden abgerissen, die reichen Kunstschätze holte man nach München. Als dann 1810 das Fürstentum Bayreuth an Bayern gelangte, kamen wichtige Behörden dorthin. In Bamberg blieben das Staatsarchiv, die Staatsbibliothek und das Appellationsgericht, heute Oberlandesgericht. Weder Bamberg noch Bayreuth entging dem Schicksal der Provinzialisierung. Aus den beiden Territorien und anderen Besitzungen entstand ein Verwaltungsbezirk, der zunächst Mainkreis hieß, dann Obermainkreis; 1837 wurde schließlich der Name Oberfranken eingeführt. Nach dem Ersten Weltkrieg erfuhr das Gebiet noch einen beträchtlichen Zuwachs, als sich das frühere Herzogtum Coburg 1920 für Bayern entschied.

Oberfranken hat in das neue Gesamtbayern seine Geschichte und seine Kunst eingebracht, seinen Gewerbefleiß und seine Landschaft – eine Landschaft, die bereits von den Literaten, Künstlern und Reisenden des frühen 19. Jahrhunderts entdeckt, erwandert und begeistert beschrieben worden ist. Die Erlebnisse der Erlanger Studenten Wackenroder und Tieck in Bamberg und auf ihrem Weg durch die Fränkische Schweiz ins Fichtelgebirge haben das Naturgefühl der Romantik mitgeprägt. E.T.A. Hoffmann, der fünf Jahre in Bamberg lebte, zunächst als Musikdirektor am Theater, empfing hier entscheidende Impulse für sein literarisches Werk. In Coburg hat Friedrich Rückert (1788-1866) seinen „Liebesfrühling" erlebt und gedichtet; das geliebte Neuses bei Coburg wählte er sich später zum Alterssitz. Frankens größte dichterische Kraft, Jean Paul (1763-1825), in Wunsiedel geboren, ließ sich nach langen Wanderjahren endgültig in Bayreuth nieder, angezogen von den „Lustgärten" und „Zauberschlössern" der Residenzstadt, mehr noch vom Bayreuther Bier. Oft wanderte er hinaus zur Rollwenzelei, wo er sein Dichterstübchen hatte. Und er sprach von den drei Himmeln um Bayreuth: Fantaisie sei der erste, in der Eremitage der zweite „und die ganze Gegend der dritte". 1835 sah der junge Richard Wagner (1813-1883) zum ersten Mal die Stadt, „vom Abendsonnenschein lieblich beleuchtet", die ihm zur Festspielstadt werden sollte. Das Grundstück am Grünen Hügel bekam er von der Stadtverwaltung als Geschenk; 1872 übersiedelte Wagner nach Bayreuth, 1874 zog er in seine Villa Wahnfried ein, und 1876 fanden die ersten Bayreuther Festspiele statt – Bayreuth wurde „Weltstadt auf Zeit".

Fleiß und Industrie

Die eigentliche Kraft des Landes aber wirkte in der Wirtschaft. Mit der Industrialisierung, die sich ab Mitte des 19. Jahrhunderts vollzog, entstand das Fabrikland Oberfranken, das durch seine zentrale Lage und die frühzeitige Verkehrserschließung (Eisenbahnbau), vor allem aber durch seine enge Verflechtung mit dem mitteldeutschen und böhmischen Industrieraum Bestandteil des zweitgrößten Ballungsgebietes des Deutschen Reiches wurde. Die Stadt Hof entwickelte sich rasch zum „bayerischen Manchester", zum wichtigsten Industriezentrum Bayerns.

Dabei ist Hof eine sehr alte Stadt, deren Geschichte bis ins 12. Jahrhundert zurückreicht, wenn auch Kriege und Stadtbrände nicht sehr viel Altes übriggelassen haben. Um 1150 oder noch früher entstand die Siedlung Rekkenze, nach dem Flüßchen Regnitz benannt, das auch dem Land seinen Namen gab. Neben dieser „Altstadt" mit der Urpfarrei St. Lorenz gründeten die Herzöge von Andechs-Meranien um 1230 die befestigte Neustadt, die dann „curia Regnitz": „Hof Regnitz" genannt wurde, woraus sich der Name Hof ergab. Nach 1248 übernahmen die Reichsvögte von Weida das Gebiet, durch die Hof 1319 das Stadtrecht erhielt und an die noch der Landschaftsname Vogtland erinnert. 1373 gelang es den Nürnberger Burggrafen, Hof und das Regnitzland zu erwerben und damit ihr Territorium, das spätere Markgrafentum Kulmbach-Bayreuth, nach Nordosten hin zu erweitern.

Mehr als 400 Jahre herrschten nun die Hohenzollern; die Stadt Hof teilte das weitere Schicksal des Fürstentums Bayreuth und kam mit diesem 1810 an das Königreich Bayern. Nach dem letzten großen Stadtbrand von 1823, der neun Zehntel aller Gebäude vernichtete, bekam das Zentrum sein biedermeierlich-klassizistisches Gepräge, versehen mit einigen neugotischen Elementen wie der St.-Michaelis-Kirche und dem Rathaus, beide ursprünglich aus gotischer Zeit. Und bald legte sich um die Stadt ein Kranz von Schornsteinen und Fabriken. Mit der Eröffnung der ersten Bahnstation 1848 und der Errichtung der ersten mechanischen Baumwollspinnerei 1853 begann für Hof der Aufstieg zur regen Industrie- und Handelsstadt, zur „Stadt der Spindeln", die auch andere Industriezweige anzog.

Oberfrankens Industrie konnte an einer traditionsreichen, früh entwickelten gewerblichen Produktion anknüpfen. Der Bergbau hatte im Fichtelgebirge und im Frankenwald siedlungsbildend gewirkt und zu einer gewissen Bevölkerungsdichte geführt. Nach der Erschöpfung der Erzlager mußten sich die Bewohner andere Erwerbsquellen suchen. Auf der Grundlage heimischer Rohstoffe entfaltete sich ein intensives Haus- und Heimgewerbe, aus dem dann die Industrieproduktion hervorging. Sie umfaßte vor allem Textilien, Natursteine wie Granit und Marmor, Glas, Porzellan, Holz- und Korbwaren, Leder- und Spielwaren. Berühmt war einst die Holzflößerei aus dem Frankenwald über die Rodach zum Main und Rhein bis nach Holland. Zu den ältesten Industrien zählt die Glasindustrie, die sich heute auf das Fichtelgebirge und den „Tettauer Winkel" nördlich von Kronach konzentriert. Die Keramikherstellung (Bayreuther Fayencen, Creußener Krüge, Thurnauer Töpferware) bekam einen ungeahnten Aufschwung durch das Porzellan, und das östliche Oberfranken zwischen Hohenberg, Arzberg, Marktredwitz, Rehau und der Porzellanstadt Selb wurde Zentrum der deutschen Porzellanindustrie. Die stärkste Branche ist nach wie vor die Textilindustrie, die besonders im Raum Hof-Kulmbach-Bayreuth und Bamberg-Forchheim die wirtschaftliche Struktur prägt. Heimischer Weidenanbau am Obermain war der Ausgang für die Korbwaren- und Polstermöbelindustrie in Staffelstein, Michelau und der „Deutschen Korbstadt" Lichtenfels.

Neben diesen „klassischen Industrien", zu denen etwa noch die Spielwaren- und Christbaumschmuckfertigung im Coburger Raum mit der Puppenstadt Neustadt bei Coburg und die Lederindustrie in Burgkunstadt, Rehau, Naila gehören, haben die Elektrotechnik und der Maschinenbau an Bedeutung gewonnen, ergänzt durch Betriebe der chemischen und Kunststoffindustrie und vor allem der Nahrungs- und Genußmittelbranche. Nicht zu vergessen das Bier, das Oberfranken den Namen „Bierfranken" eingebracht hat. Der westliche Landesteil weist die höchste Brauereidichte der Welt auf; und jede der großen Bierstädte hat ihre eigenen Spezialitäten: Hof und Bayreuth, Bamberg mit seinem Rauchbier, und Kulmbach, wo man das stärkste Bier der Welt braut.

Die Vielfalt Oberfrankens – sie zeigt sich in der Wirtschaft ebenso wie in der reichen Kulturgeschichte und im aktuellen Kulturleben. In allen vier oberfränkischen „Kulturkreisen" – dem fürstbischöflichen Bamberg, der Markgrafschaft Bayreuth, dem Herzogtum Coburg und dem Vogt- und Sechsämterland um Hof, Selb und Wunsiedel – gibt es ein recht geschlossenes Angebot kultureller Einrichtungen: Theater, Orchester, Bibliotheken, Museen, Hoch- oder Fachschulen und regelmäßige Festereignisse. Da sind die Bayreuther Festspiele, das Internationale Jugend-Festspieltreffen, die „Fränkische Festwoche" im Markgräflichen Opernhaus. Oder die Luisenburg-Festspiele in Wunsiedel auf Deutschlands ältester und schönster Naturbühne, die Spiele der Naturbühne Trebgast, die Calderon-Festspiele in Bamberg. Neben dem Bamberger Theater

gibt es die Dreispartentheater in Coburg und in Hof, Aufführungen der Bamberger Symphoniker und der Hofer Symphoniker, die Veranstaltungsreihen HofKultur, Hofer Sommer und Hofer Herbst, die Internationalen Hofer Filmtage und die Grenzlandfilmtage in Selb, Konzertreihen mit Spitzenensembles wie die Musica Bayreuth, die Plassenburg-Serenaden in Kulmbach, die Münchberger Bachtage, die Pegnitzer Sommerkonzerte, die Konzerte in Schloß Pommersfelden, geistliche Musik in Kirchen wie in der durch ihren Grünewald-Altar berühmten Kirche von Lindenhardt oder in „Bayerns schönster Dorfkirche", der Barockkirche von Pilgramsreuth – und mehr als 80 Museen und Sammlungen.

Essen und Trinken

Jede Region hat ihren gastronomischen Charakter. Oberfrankens Küche ist so vielgestaltig wie seine Landschaften. Gewachsen aus bäuerlichen Traditionen, bietet sie eine kräftige, gesunde Kost. Klöße, Bratwürste, Geräuchertes erfreuen sich noch immer größter Beliebtheit. Dazu kommt alles, was Wälder, Flüsse und Teiche an Wild und Fisch hergeben, was eine früh entwickelte, reiche Gartenkultur hervorbringt. Und natürlich das Bier. Es mag überraschen, daß dieses Traumland für Biertrinker mit seinen vielen kleinen Landbrauereien einst Weinland war. Überall wurde Wein angebaut und getrunken, bis das Bier die Oberhand gewann. Der Siegeszug der Bratwürste begann, nach einer Chronik, 1341. Seither gibt es sie gebraten, gegrillt oder gegart im Essigsud als „Blaue Zipfel". Jüngste Kreation ist die Bamberger „Zwiebeltreter-Bratwurst", größte Ausmaße erreicht die Coburger Bratwurst, über einer Glut aus Kiefernzapfen geröstet. Und wenn es um die Wurst geht, müssen auch die Hofer „Wörschtlamänner" genannt werden, die ihre heiße Ware in den Messingkesseln mit dem Spruch anpreisen: „Haaß sen sa, kold wern sa vo selba."

Pioniertaten wurden bei der Kartoffel vollbracht. Schon 1648, unmittelbar nach dem Dreißigjährigen Krieg und lange vor dem Preußenkönig, hat man bei Selb und Pilgramsreuth die „Erpfl" (Erdäpfel) angebaut, die dann manche Nahrungslücke füllten und schließlich als Alltagsnahrung in einer ungemein großen Zahl von Gerichten auf den Tisch kamen. Die Krönung der Kartoffelgerichte sind die rohen oder grünen Klöße. Klöße brauchen viel Soße, und sie stellen auch das Kernstück aller Festessen dar. Die Feste reißen in Oberfranken nicht ab: von der Kindstaufe, Hochzeit, Kommunion und Konfirmation bis zu den Wiesen-, Bier- und Schützenfesten; das Hauptfest aber, um das sich das ganze Jahr dreht, ist die Kirchweih, die sogar dort gefeiert wird, wo gar keine Kirche steht. Keiner ißt und trinkt allein. Alle sitzen sie einträchtig nebeneinander, rücken zusammen, reden, denn der Franke ist dialogisch. Und mancher spürt dabei etwas von dem, was in der Kindheit aufscheint und wonach jeder sich sehnt: Heimat.

Anton Kenntemich

Upper Franconia

Scarcely any traveller coming here would say he is coming to Upper Franconia; he would say, for example, he is coming to Franconian Switzerland, to the Fichtelgebirge, to the Frankenwald, to Bamberg, Bayreuth, Coburg, or quite simply, to Franconia. Those who live here define themselves rather in relation to their immediate surroundings, to the landscape,—and as Franconians. What is, then, Upper Franconia? First and foremost it is an administrative district. But at the same time, a land with an extremely ancient cultural heritage.

"Lying in the very centre of Germany, Franconia is surrounded by thick forests und rugged mountains", wrote Sebastian Münster in his "Cosmographey" of 1544. For a long time Franconia was regarded as the region which lay in the heart of Germany and Europe, full of corners, interconnected and fragmented, lacking a geographical centre and open on all sides. This Franconia with its diverse regions became part of Bavaria at the beginning of the 19th century when Napoleon jumbled up countries and peoples and destroyed the old German empire, and was finally divided up into the administrative districts of Upper, Middle and Lower Franconia, which are now parts of modern Bavaria.

Upper Franconia: the most northern administrative district of the Free State of Bavaria measuring 7231 square kilometers with a good 1 million inhabitants—Northeast Bavaria. This all sounds official, cool and not very Franconian. It is not at all reminiscent of the "German garden of Eden" which Johann Will, parish minister in Creussen, found in 1692 "in the superb Fichtelgebirge", nor of "Sanspareil" the "incomparable" as the margravine Wilhelmine called her rock garden in the Franconian Jura, nor of the "three paradises around Bayreuth" about which the poet Jean Paul had so enthused, nor of the remark made by the erudite canon of Bamberg, Albrecht von Eyb, in the 15th century, which later became proverbial: "If Nuremberg were mine, I would wish to enjoy it in Bamberg!"

A border zone in the heart of Europe

The Coburg region, the Frankenwald and Thuringia: the "green heart of Germany" beat here at one time and still beats today in a landscape through which an iron boundary ran for much too long. Open meadows, many forests, waving fields, distant horizons, hills and rounded peaks, panoramas of the Fichtel mountains and of the Main region. The Thuringian and the Franconian forests: the "Rennsteig", the old mountain path from Hörschel on the Werra to Blankenstein on the Saale also runs for a time through Franconian territory. As a post route, frontier path and watershed, it marked the tribal boundary between Thuringians and Franconians, separating the populations, the churches, the languages, jurisdiction and legislation, currencies, weights and measures, as well as climate and growth—yet it also formed a link, which it does once again. Viktor von Scheffel who walked the Rennsteig from one end to the other, wrote in 1863 in a poem about "the ancient boundary":

> "You rightly say, if you should climb upon that marge:/Here on the right, there on the left! Here is Germany's South, there its North./When the snow melts here it flows on to the Main./ What trickles there down into the valley, runs on to the Elbe;/ Yet life as well knows how to find its way,/What separates men must unite them as well."

Upper Franconia has always been a frontier region, bordering on Thuringia, Saxony, Bohemia, and the Upper Palatinate; but also a centre, the heart of Europe not only in a geographical sense: between Paris and Warsaw, Amsterdam and Vienna, Scandinavia and Italy; a centre as well as a European watershed between the Rhine, the Elbe and the Danube, i.e. between the North and the Black Sea. A centre as a region of passes and crossings, military and trading routes, a bridge between Franconia and Bohemia, Bavaria und Prussia, the small central German states and southern Germany.

Thanks to its central location, eastern Upper Franconia soon became the focus for brisk industrial activity. Everywhere smoking chimneys could be seen and the whirring of looms could be heard. Long-distance trains rumbled through Hof, the Bavarian Manchester, and Marktredwitz became the intersection of the great European railway lines, the "turntable of Europe". At that time Upper Franconia belonged to a self-contained economic zone which included Thuringia, Saxony and Bohemia, and was a part of the second largest industrial region of the German empire with its fulcrum in central Germany. After the Second World War these traditional ties were abruptly severed and its central location became peripheral: frontier region, blind spot, the world's end. Today, since the opening of the frontiers and the reunification of Germany, this region can hope to reclaim its function as a bridge within the heart of Europe.

At the same time Upper Franconia is as historically and culturally varied as any part of Franconia, which is itself noted for its diversity. It has never possessed a political centre, nor a representative capital; on the other hand the administratively independent towns of Bamberg, Bayreuth, Coburg and Hof today constitute four centres, each with its own character and traditions. The subdivision by regional planning into West and East Upper Franconia still reflects the dual polarity established in the Middle Ages with the archbishopric of the bishops of Bamberg in the south-west and the margravate of Kulmbach-Bayreuth in the north-east. Between them lay numerous monastic and seigneurial possessions—a mosaic of multi-coloured stones and fragments. The differences are still visible and perceptible today.

"Dramas of nature"

The landscape of Upper Franconia is also rich in contrast, complex and multifaceted. From a geological point of view all the significant phases of the earth's history are revealed here, from the old primary rock formations down to the younger overlying rocks und thus from the Palaeozoic to the present, a period of more than 500 million years. The richness of the geological forms, the alternation of rock strata within a very confined space create time and again, new and fascinating impressions. These are additionally determined by the forests which cover almost 40 % of the entire surface area of Upper Franconia.

In the west the high plateau of the Franconian Jura contrasts sharply with the high terraced edges of the Pre-Jura. The romantic landscape around the river Wiesent and its tributaries in the triangle of Bamberg, Bayreuth and Nuremberg was once called simply the "Gebürg", then, in the last century, "Franconian Switzerland", and this designation is still current. In 1829 the Bamberg art collector Joseph Heller wrote in his ramblers' guide: "What Switzerland offers on a large scale can be found here on a more moderate one which is often more pleasing to the eye. Sublime nature here is more condescending to man." In geological terms Franconian Switzerland is the northern foothills of the Jura which extend from Switzerland (the country) to the Upper Main. The Jura are also to thank for the area's scenic charms and peculiarities: extensive high plateaus and narrow, steep-sided valleys with precipitous rock faces and winding river courses, lonely parched glens, bizarre rock formations and a typical calcareous flora of lady's slippers, Turk's cap lilies, wild gentians and carline thistles.

And then the magic of the dripstone caves, a subterranean wilderness: around 700 caves which crisscross beneath Franconian Switzerland making it the region of Germany richest in caves. Not all contain stalagmites and stalactites but they have all been created by the action of water on the calcareous rock of the fossilized Jurassic sea. Movements of the earth resulted in a network of fissures, crevasses and faults. Water seeping into the depths enlarged the inner cavities and encouraged a karst development. This led to a lack of water on the high plateaus so that the farmers in former days were dependent on water holes and cisterns or drew their water from springs which bubble in profusion in the valleys. Interesting karst formations can be found on the mountain sides: caves, mighty rock bridges and stone gates—"manifest dramas of nature" as Johann Gottfried Köppel, full of admiration, wrote in his travelogue of 1794. Closely tied to these changing natural scenes are the signs of human activity: castles and ruins, slumbering mills, villages and small towns.

The transition from Franconian Switzerland to the north-eastern primary rocks of the Frankenwald and the Fichtelgebirge is formed by the broken block land of the Upper Main, a narrow valley in which the source rivers of the Upper Main meet. This is the product of tectonic tensions in the course of which the area between Coburg and Bayreuth was broken up and fragmented into small blocks. Most of these tectonic forms run parallel to the Franconian Line, that violent overthrust which stretches in a straight line from the north-west to the south-east through Upper Franconia, separating the old primary rocks from the younger, overlying strata. Continuous scenic variety is also a surprising feature of the Upper Main valley. It begins as the rambling Keuper valley below Kulmbach at the confluence of the

White Main coming from the Fichtelgebirge and the Red Main coming from the Franconian Jura. The rocky sides of the Jura herald the Jurassic Main valley. After the gloomy, ferruginous, wooded, sandstone heights of the Banz mountains, and the crevasses of the Staffelberg, the landscape softens and then opens out into the broad Bamberg basin. The Upper Main broken block land is demarcated to the north by the Coburg region. Its charm lies in its clearly defined proportions, in the alternation of plateaus, rounded valleys and valley bottoms with, as it were, conifer and deciduous woods, meadows and fields, heaths and moors, providing a backdrop. The fine grained, warm-tinted sandstone of the entire area supplied the raw material for numerous edifices, e.g. the fortress of Coburg, Plassenburg castle in Kulmbach and Rosenberg castle in Kronach.

The Frankenwald rises in the form of a dark low mountain range above the Upper Main region. Though its wooded exterior may seem at first inhospitable and impenetrable, many passages do extend into its interior. These are the valleys, carved like ravines into the rock, through which streams roar, clad from top to bottom in spruce trees —valleys which are fascinating in their sheer ruggedness. Quite different on the other hand is the gently undulating plateau, which is interspersed with forest clearings; it can best be appreciated from the highest peak in the area, the Döbraberg (795 metres). A forest of raftsmen, charcoal burners and poor sawyers. Slate roofs and houses glittering grey in the villages. Slate working has left its mark on the Frankenwald. Nowhere else are there so many diverse rock formations, often in rapid succession. Gneisses, quartzites, clay schists, metanorites, diabases, etc. have been tossed together in colourful disarray by folding, erosion and volcanic activity. Towards the east, the Frankenwald changes into the gneiss plateau of Münchberg and the Bavarian Vogtland around Hof. It is a more spacious region with apparently endless mountain ridges and hill ranges, rounded summits and hilltops piled one on top of the other.

The Frankenwald and the Erz mountains, the Bohemian and the Upper Palatinate forests converge in the nodal point of the Fichtelgebirge. The summits of the Schneeberg and the Ochsenkopf, Franconia's highest peaks with a height of 1053 and 1024 metres respectively, soar upwards like cathedral spires. Together with the summits of the Waldstein (880 metres), the Kornberg (827 metres), the Kösseine (938 metres) and the Steinwald range, they form a horseshoe open towards the north-east which takes in the Wunsiedel plateau. The high Fichtelgebirge is composed of various types of granite which rose up through the earth's crust around 250 million years ago as incandescent liquid intrusion rocks and solidified before reaching the earth's surface. They only became visible as a result of an arching process caused by folding and the erosion of the overlying rock strata. These once majestic peaks have been worn away and rounded off by weathering and faulting giving rise to a range of low mountains with gently rounded summits and spruce forests as far as the eye can see. One may seek the derivation of their name in the many spruce trees which cover them, as Caspar Bruschius asserted in 1542, or from the "Vichtelberg" (= Wichtelberg: "goblin mountain") of the folklore which has many a tale to tell of goblins, gnomes, elfs and fairies. The Fichtelgebirge was also called "Germania's parting", probably because it is the area in which four rivers have their source: the Eger, the Saale, the Main and the Naab, which depart in the direction of the four cardinal points and reach the North Sea on one side and the Black Sea on the other side of the European watershed.

Ancestors—the evidence of pre- and early history

Archeological findings provide us with information about the people who lived here many thousands of years ago: tools, weapons, jewellery and clay vessels found mostly in graves. The oldest settlement of present-day Upper Franconia goes back to the Palaeolithic Age around 100,000 years ago. The settlers were hunters and gatherers who lived in tents and crude shelters made of branches and made numerous stone implements. The most important sites where discoveries have been made are situated on the banks of the Upper Main between Lichtenfels and Kronach. Towards the end of the Palaeolithic Age, around 12,000 years ago, the caves of the Franconian Jura were also visited and inhabited by hunting parties. From the time of the ribbon ware people, a neolithic culture of around 2000 B.C. which practised farming and animal husbandry, built houses and produced ceramics, Upper Franconia was inhabited, with the exception of the low mountain ranges of the Steigerwald, the Frankenwald and the Fichtelgebirge. The most important location where remains have been found is the "Cave of the Virgin" (Jungfernhöhle) close to Tiefenellern on the western edge of the Franconian Jura: in addition to shards, stone and bone implements, there were found the fragmented remains of 38 people, almost all women and children who had been killed by force and then apparently eaten. There have been similar finds in a number of other European caves. Researchers see a connection here between human sacrifice and archaic fertility beliefs.

A social structure began to develop with the Bronze Age, as burial gifts show, which in the final bronze-making culture, the urnfield culture (12—8 B.C.), displayed a distinctive warrior cast. But it is only from the La-Tène period, belonging to the great Iron Age, i.e. around 5 B.C., that we can also associate the prehistoric finds with a peoples' name, namely that of the Celts. The Celts dominated the land from strongly fortified hilltop sites. These existed on the Neubürg near Bayreuth, on the Turmberg near Kasendorf, on the Ehrenburg near Forchheim, and on the Staffelberg. Even after the immigration of the Teutons a Celtic substrata remained, which is still perceptible, above all in the names of streams and rivers (such as the Main, the Rednitz, the Pegnitz, the Eger, the Naab and the Saale). The great Germanic peoples' migration around 1 A.D. led to a new colonisation of Upper Franconia and to a "Germanization" of the resident Celts. Burgundians and Alemannics crossed the land. Around 400 A.D. fortifications were again erected, it is presumed by Thuringians, who extended their empire as far as Passau. In the 6th century A.D. the Franks began to take control of the land, a process which continued unhindered after the destruction of the Thuringian empire in 531.

The Franks, a West Germanic tribe, are first mentioned in Roman sources in 258 A.D. After the collapse of the Roman Empire they gained power in Gaul and advanced beyond the Rhine towards the east as far as the Main region which was named after them. The Franks first settled in small village communities, and after the Christianization organised the parishes and imposed their rule over the land. However they did not remain alone. Slavic settlers, who gave their names to many places, are attested to from the 7th century at the latest. And an immigration of Bavarians began from the southeast. Admittedly at that time, the "Boier who are now called Baier" were Frankish subjects led by a duke appointed by the king of the Franks. Thus at the beginning of the Middle Ages in present-day Upper Franconia a settlement of Franks, Slavs and Bavarians was apparent, each complementing the other. All sections of the population contributed to the major phases of its consolidation, and all were also subject to the process of feudalism and the rise of vassalage.

"Here is the capital of the world"

The Franks had divided up the land into earldoms and gaus. Its administrative centres were palaces and royal courts. Two of these are mentioned in 805 in an edict of Charlemagne: Hallstadt near Bamberg and the palace of Forchheim. Königsfeld in the Jura is documented already in 741 as a "Chunigshofe" (royal court). After the collapse of the Frankish empire, families of the local nobility seized the chance of acquiring land and power, above all the Konradins and the Babenbergs. "Babenberh" castle is first accounted for in 902, and with it Bamberg enters history.

Bamberg, the city on seven hills, the "German Rome", owes its significance to the emperor Heinrich II. Elected German king in 1002 in a vote which was far from unanimous, Heinrich first had to establish his legitimacy and then to crush a rebellion headed by the margrave of Schweinfurt. In 1007 together with his wife Kunigunde, he founded the bishopric of Bamberg, uniting thus political aims with personal piety. The cathedral, which was inaugurated in 1012, rose up beside the castle: a basilica with three naves, transept and twin chancels, an expression of the interconnection of ruling house and priestly dignity within one sacred kingdom. Heinrich II, who had himself crowned emperor in Rome in 1014, was generous towards his bishopric in his provision of goods. In addition there was the splendour of the liturgical endowments, the implements and robes, and the precious manuscripts (preserved today in the diocesan museum and in the national libraries of Bamberg and Munich). The "Bamberg Idea" of emperor Heinrich is interpreted in a prize song of the abbot Gerhard von Seeon, in which he compares the new episcopal seat and a Bamberg devoid of tradition with the centres of the occidental world, such as Jerusalem, Athens and Rome, culminating in the lines: "Here mountains of gold and piles of silver gleam, glittering precious stones rich silk fabrics do adorn.../Here is the capital of the world, the birthplace of any conceivable fame."

The centre of the empire and the "hub of the universe" was represented by a column on the cathedral square, later called the "Tattermann column", which was not demolished until 1779. Evidently the distances to the chapter house and monastery foundations had been measured from the column, which, as a result, became the central point of a gigantic cross spanning the town of Bamberg, the ends of which were formed by the Benedictine abbey of St. Michael and the foundations of St. Stephan, St. Gangolf and St. Jacob.

On their deaths, emperor Heinrich (dec. 1024) and empress Kunigunde (dec. 1033) were buried in the cathedral. The monument which encloses both was created by Tilman Riemenschneider around 1500. Distinguished men of the 11th century, bishops and high imperial officials, emerged from the famous cathedral school founded by Heinrich. Indeed the second bishop of Bamberg, Suidger, attained the very highest ecclesiastical office: as Clemens II he became pope in 1046. On his death in 1047 after a short period of office he was transported in accordance with his wishes to Bamberg cathedral which thus contains the only papal tomb preserved beyond the Alps. In the 12th century bishop Otto I (Saint Otto I, 1102-1139) converted the then still pagan Pomeranians, and acquired in this way the title of the "apostle of the Pomeranians". But Otto was also active closer to home, founding and reforming numerous monasteries, building churches and castles, obtaining or exchanging further castles, and consequently establishing the basis for the national territorial development of the bishopric. Last but not least he was responsible for the refurbishing of the interior of Heinrich's cathedral after the fire of 1081. It nonetheless was followed by a second devastating conflagration in 1185.

In the 13th century under bishop Ekbert (1203-1237) of the powerful house of Andechs-Meranien, Bamberg cathedral arose in its present monumental form, its four towers uniting heaven and earth. In the progression from east to west and from the Romanesque to the early Gothic periods, a work of truly European stature was created, (consecrated in 1236). The initial architectural conception was maintained, as well as the twin chancels, (the chancel of St. George in the east and the chancel of St. Peter in the west). Outside, the portal areas with their statuary are still impressive, above all, the Prince's Portal, whose focal point depicts the Last Judgement: with plump, grinning, unmistakeably Franconian blessed. Inside we find the fragile corporeal beauty of the synagogue beside the ecclesia, the group representing the visitation of Maria to Elizabeth who looks sibyllinely into the distance, the laughing angel, the prophets in excited disputation—all sculptural masterpieces hewn from pale grey reed sandstone. The chief work of plastic art in the cathedral is the horseman, a youthful sovereign who sits imperturbably on his steed and gazes down the nave towards the West. Fully unique and quite mysterious he has been the subject of numerous interpretations.

Probably unrelated to any specific individual, the Bamberg horseman embodies royal power and man in a state of perfection. The baldachin, symbol of celestial Jerusalem, raises him to the sphere of the sanctified. For the Middle Ages the entire cathedral was an image of the holy city and this ideal city transfigured the urban landscape.

Monasteries and churches, towns and castles

After their acquisition of the Bamberg monastery of St. Michael in 1015, the Benedictine monks obtained a second around 1070, the monastery of Banz on the Upper Main. In a valley opposite, bishop Otto (St. Otto) supported by donations from the nobility founded Langheim monastery in 1132, which he left to the young Cistercian order. Originating in Burgundy, they had already become established in 1127 in Ebrach in the Steigerwald. While Ebrach, belonging to the bishopric of Würzburg, was closely connected to the Staufers, Langheim became the private monastery of the earls of Andechs-Meranien, Orlamünde and Treuhendingen. From the middle of the 15th century the monks of Langheim were in charge of Franconia's most important pilgrimage to the fourteen auxiliary saints with the later basilica of "Vierzehnheiligen".

Convents were also built in which the nuns, stemming predominantly from the nobility, lived according to the statutes of the Cistercian order. In 1260 the Cistercian abbey of Sonnefeld near Coburg was founded by a foundation of the knights of Sonneberg. The monastery church, which is today a Protestant parish church, is one of the most imposing gothic edifices in Upper Franconia. The Cistercian Schlüsselau in the valley of the Reichen Ebrach was the foundation (around 1280) and private monastery of the free nobles of Schlüsselberg. Himmelkron, which lies between Kulmbach and Bad Berneck, was founded in 1279 by the earl of Orlamünde und his wife for the interment of their lineage. The still intact south wing of the cloister is a significant example of late Gothic architecture with its rich sculptural decoration. Stone angels gaze down from the squares of the net ribbed vault, singing or playing music while holding sheet music or ancient instruments: lute, trumpet marine, barrel-organ, bagpipe and harp, fiddle and triangle and diverse wind instruments—a unique cycle of late medieval German sculpture.

Gothic art remained a determining form of expression in town and country throughout this period and later. In a number of places, fortified churches, often reinforced by the cemetery, offer impressive examples of the former protective function of these places of worship. Among the best preserved are Königsfeld in the Jura, with its huge, fundamentally Romanesque tower, Steinbach am Wald, with its slate roofing characteristic of the region, and Effeltrich, whose circular walls fortified by towers also contribute to the town's appearance. Churches with a tower above the chancel are as characteristic of Upper Franconia as are the five pointed towers of the Bamberg and Coburg regions: picturesque turreted constructions in which four small turrets in the corners surround the base of the high central spire.

Walls, towers and gateways, the distinguishing features of the fortified medieval town, have been preserved in many places in Upper Franconia; almost entirely in Sesslach, in Kulmbach to a large extent, and most extensively in Kronach where the tower-like chapel of St. Anne on the town wall was incorporated into the system of defense. From time to time we can still discover ancient town gateways, in Weismain and Lichtenfels the gateway is flanked by towers which rise up on both sides.

Castles and palaces, once seats and symbols of power, give the landscape of Upper Franconia its particular character. The multitude of castles built in the Middle Ages is due to the free nobility and the knightly vassals (holding imperial offices), and later to the lords. Be they castles in the Jura or in the land lying before the Frankenwald, or castles in the valleys between the ridges of the Steigerwald, these residential, fortified buildings were almost impregnable. Many of them are in ruins, others have been rebuilt, and of some only the name remains. Zwernitz castle still displays rounded stone blocks from the Staufer period; Mitwitz (lower castle), a medieval castle built on water, was, like so many other castles, transformed into a Renaissance palace. In the very north, on the Thuringian border, is Lauenstein castle. Erected in the 12th century on a high peak overlooking the Loquitz valley, legend has it by the Frankish king Konrad I in the year 915, it is today both a museum and a hotel in which romantically inclined couples like to stay.

The fortified residences of the nobility were situated in closest proximity to each other in the rocky valleys of the river Wiesent and its tributaries. Pottenstein and Gössweinstein were the first to be built here, around 1070, and the last were built around 1360. In total there were 149 castles in the region of Franconian Switzerland. Today only 35 of these are still either inhabited or inhabitable, two by the noble descendants of the former builders: the barons of Egloffstein have lived in Egloffstein castle since 1184, and the barons of Aufsess have lived in Unteraufsess castle since 1114.

"In all Germany such a fortress can ne'er be found"

The Ebstorf map of the world (ca. 1240), a copy of which is in Plassenburg castle in Kulmbach, shows, besides other important parts of the world, "Franconia orientalis" as well: East Franconia with Nuremberg, Forchheim, Bamberg, and of course, Plassenburg castle.

Approximately a century after the settlement at the foot of the hill, Kulmbach (ca. 1035), the castle overhanging the land of the twin Main rivers, is first mentioned in 1135 as being the possession of the earls of Andechs, dukes of Meranien. The Andechs-Meraniers were a powerful family which produced several bishops and whose daughters around 1200 occupied three European thrones. Their sphere of influence stretched from Hungary to Burgundy and from Silesia to the Adriatic. Their achievements in Upper Franconia include the extension of Kulmbach, the foundation of Bayreuth and the construction of the Plassenburg.

When the family died out in 1248, the area around Kulmbach came into the possession of the earls of Orlamünde, and that around Bayreuth, of the burgraves of Nuremberg. The Orlamünders converted the Plassenburg into a stately residence and founded the monastery of Himmelkron; but as early as 1340 the Hohenzollern burgraves of Nuremberg took over Kulmbach and the Plassenburg.

Associated with the name of Orlamünde is the grim legend of the "White Lady", the oldest and most celebrated of castle ghosts: the young widow Kunigunde von Orlamünde is reputed to have murdered her two children out of her passion for the burgrave of Nuremberg and then to have done penance for her terrible deed in the convent of Himmelkron. It is historically proven that Kunigunde was childless, and, widowed young, entered the convent of Himmelthron near Nuremberg. Nevertheless the legend lived on, and the white lady appeared in the vaults of the Plassenburg and subsequently in many Hohenzollern castles and palaces, above all in Bayreuth and Berlin. One Christian, earl of Stolberg, wrote:

"Wrapped in a widow's white garb,
Masked in the white veil of a nun,
She treads at midnight
Through castle and palace walls...
The white lady! Known to all,
And first seen in Franconia."

The Hohenzollern burgraves now began to extend their power from their base in the mighty Plassenburg. In rapid strides they appropriated parts of the imperial region of Eger, the later "Sechsämterland" ("land of the six departments") with the departmental towns of Wunsiedel, Weissenstadt, Kirchenlamitz, Thierstein, Hohenberg and Selb, in 1373 obtained Hof and the Regnitz region from the landvogts of Weida, and had, in the end, the eastern half of Upper Franconia as a relatively unified territory in their possession. In 1363 they acquired the rank of princes, in 1415 the electorship as well as the march of Brandenburg, and from then on called themselves the margraves of Brandenburg-Kulmbach. With Ansbach a second Hohenzollern centre arose in Middle Franconia.

The Peasant Wars which swept through Franconia in 1525 hardly affected the margravates of Kulmbach and Ansbach. In the margravate of Bamberg by comparison, 150 castles and 6 monasteries went up in flames; the burghers of Bamberg showed solidarity with the rebels and forced the bishop to flee to Altenburg castle. After the subjugation of the peasants, the archbishopric showed moderation, while the margrave Casimir of Ansbach pronounced severe judgement over some of his towns and villages.

The Reformation began in the principality of Ansbach-Kulmbach in 1528, following a command issued by the margrave Georg from the Plassenburg. Ultimate recognition of the Protestant creed occurred at the end of 1528 on the occasion of the Diet of the Obergebirge.

In Bamberg the Reformation initially attracted many supporters among the burghers and the clergy, even at the episcopal court. Bishop Ernst von Mengersdorf was the first to take vigorous action, and by applying draconien measures reestablished the old Catholic order. The denominational schism was to have far-reaching consequences for Upper Franconia. The margravate severed its former church ties, the polarity between East and West intensified, and political boundaries became religious ones. This can still be felt today. Different region, different mentality, different customs and festive traditions.

In the middle of the 16th century the margrave Albrecht Alcibiades tried by brute force to extend his domaines at the expense of Bamberg, Würzburg and Nuremberg. After some initial successes of the "wild margrave", the imperial army intervened and captured the towns of the margravate in 1553. In 1554 the Plassenburg also fell after a seven month siege, was burnt down and completely destroyed. Its reconstruction was undertaken by the margrave Georg Friedrich of Ansbach who assumed control of Kulmbach in 1557. Under the supervision of Caspar Vischer an imposing edifice of monumental proportions arose, in which both castle and palace were united. The Kulmbach architect declared self-confidently: "In all Germany such a fortress can ne'er be found."

The inner courtyard of the main castle, the "Splendid Court", is a jewel of German Renaissance architecture. On its arcaded passages 131 sandstone medallions display the entire genealogy of the Meranier, the Orlamünder and the Hohenzollern families, among which is also a snake-entwined Kunigunde von Orlamünde, the "White Lady". An attraction of a quite different kind can be seen in the German museum of tin figurines in the Plassenburg: over 300,000 tiny metal men who, riding and fencing, depict in scenic form the entire history of the world.

Residence towns

At a time when the Plassenburg was still the permanent residence of the margraves, the dukes of Coburg descended from their fortress to the town and started to build (from 1543) Ehrenburg castle on the site of a Cordelier monastery which had been dissolved by the Reformation: after Landshut it is the second oldest Renaissance town residence in Germany. Admittedly the fortress (the "Veste"), also referred to as the "crown of Franconia", is the main centre of attraction today, not least thanks to its important art collections and its unique panorama: beyond to the Thuringian and Franconian forests, over the Fichtelgebirge as far as the Upper Main valley, and on to the Hassberg mountains and the Röhn. Coburg, first mentioned in 1056 in a monastic chronicle, is a special case in the history of Upper Franconia. For hundreds of years the duchy was orientated dynastically, politically and economically towards Thuringia and Saxony, even though Franconian influence was linguistically and culturally predominant. Not until 1918 was it separated from Central Germany. In 1920, following a referendum, the small state of Coburg joined the Free State of Bavaria.

The origins of the Veste can be traced back to the Staufer period (1150-1250). It is presumed that in the 9th and 10th centuries a royal estate was situated where the town lies today. In 1248 the Veste became the possession of the earls of Henneberg and in 1353 it passed to the Wettiners who were originally margraves of Meissen and whose descendants ruled in several family lines until the end of the First World War, transforming the town into a centre of culture. Duke Franz Friedrich Anton (period of office: 1799-1806), for example, built up the gallery of copperplate etchings in the Veste, basing it on his own large collection, (now containing 300,000 engravings). His son, Ernst I (1806-1844), provided the Ehrenburg with a Neo-Gothic façade and designed the wide castle square with the court theatre, (today the regional theatre). Ernst II (1844-1893) had the court garden layed out in the style of an English country park and in the process created a spacious link between the town palace and the Veste. In the 19th century Coburg acquired international significance thanks to the astute marriage policy of its princely house whose members found themselves at the heads of numerous European monarchies.

The town experienced the first peak of its development during the Renaissance. The Reformation began as early as 1528. Martin Luther stopped off in Coburg on several occasions. During the Imperial Diet of Augsburg he lived from April to October 1530 in the Veste, working on his translation of the bible and dictating, among other things, the so-called "Coburg Psalter". In 1541 Coburg became a residence town, only becoming a duchy later upon duke Johann Casimir's assumption of office. The splendid Renaissance buildings with their ornamental gables and stylish corner turrets ("Coburg oriels"), which are still today so characteristic of the old part of the town, date from his period of office (1586-1633). These include the townhouse, the arsenal, the gymnasium Casimirianum, as well as the town hall and quite a few town residences. The Ehrenburg was extended and the Morizkirche, consecrated to the town's patron saint, St. Mauritius, was largely completed. Although the Thirty Years War was soon to devastate the "Länder", the small residence town under duke Casimir experienced at this time its greatest period of urban and cultural growth.

In Bamberg too there are quite a few reminders of the Renaissance urge to build: Geyersworth castle on the island in the Regnitz, the façade of the ancient residence with its chancellary decorated with oriels, or the civic wedding house close to the "Kranen". In addition the archbishopric was also concerned about protecting its territory. In Kronach, the fortress of Rosenberg, the most northern bastion of the bishops of Bamberg since Otto I, was transformed from 1564 onwards into a residential palace and subsequently consolidated into a mighty fortress which proved unassailable. The former commander's quarters of the fortress of Rosenberg houses today the Franconian gallery, a jewel among Bavarian museums, containing Gothic and

Renaissance panels and sculptures as well as four paintings by Lucas Cranach the elder (1472-1553), Kronach's most famous son.

Kulmbach soon lost its importance. Margrave Christian's (1603-1655) decision to transfer his residence from the Plassenburg to Bayreuth was not fully realised until 1642 on account of two town fires in Bayreuth (in 1605 and 1621) and the war. This Thirty Years War also affected the denominationally split Upper Franconia in which archbishopric and margravate now confronted each other as enemies. Alien troops devastated towns and villages; often it was compatriots who fought each other bitterly. It took a long while for the effects of the war to be overcome. Then, however, a new revival ensued. Everywhere people began to build, churches and monasteries appeared, and palaces and summerhouses were constructed in the newly created squares and parks.

Baroque and Rococo — palaces, gardens and music

Bayreuth, lying in the broad valley of the Red Main, elevated relatively late to the status of a margravial residence town, is first mentioned in a document of 1194 as "Baierrute"—"The Bavarians' clearing"—and then again in 1231 it is referred to as a "civitas" (town): a seignorial town with a church, a castle, a street market and a surrounding wall. The only part of the "Old Palace" still standing is the octagonal tower, the symbol of Bayreuth, erected in 1565 according to the plans of Caspar Vischer. Margrave Christian's nephew and successor, Christian Ernst (1655-1712), in giving the town its architectural style, stressed baroque splendour. The occasion of his marriage to Erdmuthe Sophie of Saxony in 1662 marks the opening of the opera house in Bayreuth. On the Fountain of the Margraves, (standing today in front of the "New Palace"), Christian Ernst had himself depicted by the sculptor Elias Rantz as Imperial Marshall and vanquisher of the Turks astride his steed, surrounded by allegories of the four rivers from the Fichtelgebirge, the Saale, the Eger, the Naab and the Main. His son Georg Wilhelm, while still hereditary prince, constructed his own small town with its own castle, collegiate church and theatre: St. George by the lake, and the artificial "Lake Brandenburg" also served as the backdrop for numerous operas and fancydress balls with naval battles, fireworks and water games. During his margraviate, Georg Wilhelm (1712-1726) built the hunting lodge Thiergarten, and layed the basis for Bayreuth's horticultural arts with the construction of his Hermitage palace on the outskirts of the town.

"A marvellous hermitage is being built in Bayreuth" wrote Franz von Schönborn, prince bishop of Bamberg (1693-1729), electoral prince bishop of Mainz and Imperial arch-chancellor, himself (in his own words) "plagued by the building worm". He was the outstanding personality in Franconia during this period and with him as well began the extensive activities of the family of architects, the Dientzenhofers. The residence built by Leonard Dientzenhofer on the cathedral hill was Bamberg's first great secular building. In the town, baroque façades and town residences, such as the house of the Böttingers or the magnificent Concordia on the banks of the Regnitz, appeared. Monasteries and foundations had spacious new buildings constructed for themselves, for example Ebrach in the Steigerwald, St. Michael in Bamberg, or the Benedictine abbey of Banz. And in Pommersfelden arose the grandiose Schönborn castle Weissenstein, conceived, in accordance with its proprietor's ideas, fundamentally by Johann Dientzenhofer, having the first of those gigantic staircases which became so typical of Franconian baroque. The nephew of Lothar Franz, Friedrich Karl von Schönborn (1729-1746), prince of the church in Bamberg and in Würzburg, appointed the inspired Balthasar Neumann to supervise the entire building project. Together with his pupil and successor Johann Jacob Michael Küchel, Neumann created a significant early work, the pilgrimage church in Gössweinstein and finally, besides many other buildings in the bishopric, the pilgrimage church of Vierzehnheiligen, a culmination of baroque religious architecture: an intertwining flow of ovals, curves and translucent walls, centred around the seemingly weightless, ascending, altar of grace. A reflection of this spiritual perfection of rococo style can be found in the smiling Kunigunde by Peter Benkert on the Lower Bridge in Bamberg, in the sculptures in Seehof park by Ferdinand Dietz, and in the latter's statues in Bamberg's rose garden.

The heyday of margravial Bayreuth was attained under the margrave Friedrich (1735-1763) and his wife Wilhelmine, the daughter of the Prussian king and sister of Frederick the Great. While the margrave mainly promoted architecture, the multi-talented Wilhelmine was also devoted to the other arts: she wrote poetry, painted, played music and even composed a harpsichord concerto and an opera ("Argenore"); her memoirs became as famous as her correspondence with her brother in Berlin to whom she wrote: "Nothing pleases me more than a beautiful opera; my ears guide its sweet sounds into the very depths of my heart. A fine garden, magnificent buildings, delight my eyes." She extended the Hermitage, adding to it mock ruins and grottos, ponds with fountains and dancing waters, and the orangery with the temple of the sun. In Sanspareil ("incomparable"), she discovered "nature to be its own chief architect"; she associated her rock grove with antique mythology and created an early form of the landscape garden. The margravial operahouse was completed in 1748 for the prestigious marriage of the daughter of the margraves: outside, it is the work of Joseph Saint-Pierre, inside, the architect Giuseppe Galli-Bibiena has revealed once again the entire pathos of the baroque age. "Bayreuth rococo" is evident in the interiors of the New Palace. Floral and trellis designs, chinoiserie, mussels and mirror fragments all testify to the unconventional taste at the margrave's court. The principality also developed a style of its own in religious architecture, visible in the many "margravial churches".

Franconia becomes Bavaria

The end of the Upper Franconian territories came at the turn of the 19th century. A personal link between Bayreuth and Ansbach had existed since 1769. The last margrave, Carl Alexander, ceded both principalities to the king of Prussia. Under the minister Karl August von Hardenberg, avid for reform, the young Alexander von Humboldt was appointed director of the mines in Franconia and tried to reorganize the run-down mines in the Fichtelgebirge and in the Frankenwald; in Bad Steben he founded at his own expense a miners' independent school. After the "Prussian intermezzo" Bayreuth was, from 1806, under Napoleonic rule, and in 1810 became part of the kingdom of Bavaria.

Bamberg shared a similar fate. Adam Friedrich von Seinsheim (1757-1779) and Franz Ludwig von Erthal (1779-1795) had ruled as enlightened princes and had supported commerce, the school system and the health service. Christoph Franz von Buseck (1795-1802) was then the last prince bishop of Bamberg. The treaty of Lunéville of 1801 gave France possession of all imperial territory to the left of the Rhine; the German princes were supposed to be compensated in return by the religious principalities and imperial towns to the right of the Rhine. Even before the negotiations were concluded in September 1802, Bavaria occupied the regions assigned to it, among which was the archbishopric of Bamberg. The takeover met with no resistance. In the wake of the secularization of 1803, the foundations and monasteries in the town and bishopric were largely dissolved, churches were torn down and the rich art treasures taken to Munich. When, in 1810, the principality of Bayreuth became part of Bavaria, important administrative bodies were transferred to it. In Bamberg the state archives, the national library and the court of appeal, which today is the provincial high court and court of appeal, remained. Neither Bamberg nor Bayreuth escaped the fate of provincialization. From both territories and other possessions emerged an administrative district which at first was called the "Main District" (Mainkreis), and later, the "Upper Main District" (Obermainkreis); in 1837 it was finally given the name "Upper Franconia" (Oberfranken). After the First World War the region considerably increased in size when the former duchy of Coburg voted in a referendum in 1920 to become part of Bavaria.

Upper Franconia has contributed to the new territory of Bavaria with its traditions and its art, its industriousness, and its landscape, a landscape which had been discovered, hiked over, and enthusiastically described by the literati, artists and travellers of the early 19th century. The experiences of the Erlangen students Wackenroder and Tieck in Bamberg on their way through Franconian Switzerland towards the Fichtelgebirge strongly influenced the Romantics' feeling for nature. E.T.A. Hoffmann, who lived in Bamberg for five years, initially as the theatre's musical director, absorbed here decisive impulses for his literary oeuvre. In Coburg, Friedrich Rückert (1788-1866) experienced and wrote his poem "Liebesfrühling" ("Love's spring"); he later spent his retirement in his beloved Neuses near Coburg.

Franconia's greatest poetic genius, Jean Paul (1763-1825), who was born in Wunsiedel, settled once and for all in Bayreuth after many years of travel, attracted by the "pleasure gardens" and "magic castles" of the residence town—and even more by its beer. He often strolled out to the Rollwenzelei where he had his poet's study. And he spoke of the "three paradises" around Bayreuth: the first was the palace of Fantaisie, the second was in the Hermitage, "and the whole area, the third". In 1835 the young Richard Wagner (1813-1883) saw the town, which was to become his festival town, for the first time "sweetly bathed in the light of the setting sun". The town council gifted him the site on the Green Hill; in 1872 Wagner moved to Bayreuth, in 1874 he moved into his villa Wahnfried and in 1876 the first Wagner festival took place—Bayreuth had become a "temporary metropolis".

Diligence and industry

The real strength of this land, however, is to be found in its industry and commerce. In the course of the industrialisation process which set in from the middle of the nineteenth century, Upper Franconia became a factory region which, owing to its central location and an early development of lines of communication (the construction of railways), but above all to its close links with the industrial regions of central Germany and Bohemia, became part of the second biggest urban conurbation of the German empire. The town of Hof speedily developed into the "Bavarian Manchester", Bavaria's most important industrial centre.

For all that, Hof is a very old town whose origins can be traced back to the 12th century even if wars and town fires have left little remaining of its original fabric. Around 1150 or even earlier, the settlement of Rekkenze was founded, named after the stream, the Regnitz, from which the region derives its name. At the side of the "old town" with its original parish church of St. Lorenz, the dukes of Andechs-Meranien around 1230 layed the foundations of the fortified new town which was called "curia Regnitz": Hof Regnitz ("Regnitz court"), from which the name Hof resulted. After 1248 the imperial landvogts of Weida, from whom Hof obtained its town charter in 1319 and whose name is recalled in the name of the region, the "Vogtland", took control of the area. In 1373 the burgraves of Nuremberg succeeded in acquiring Hof and the Regnitz region, thus expanding their territory, the later margravate of Kulmbach-Bayreuth, towards the north-east.

The Hohenzollerns now ruled for more than 400 years and the town of Hof shared the later destiny of the principality of Bayreuth, joining the kingdom of Bavaria in 1810. After the last great town fire of 1823 which destroyed 90 % of all its buildings, the town centre was given a Biedermeier-classical look, embellished by some Neo-Gothic elements such as the church of St. Michael and the town hall, both originating in the Gothic period. The town was soon to be wreathed in chimneys and factories. With the inauguration of the first railway station in 1848 and the installation of the first mechanical cotton wool spinning mill in 1853, Hof was on its way to becoming a bustling industrial and commercial centre, the "town of the spindels", which was also to attract other branches of industry.

The industries of Upper Franconia had their antecedents in a traditional cottage industry of early development. In the Fichtelgebirge and in the Frankenwald, mining had encouraged settlement, leading to a certain population density. After the ore deposits had been exhausted, the inhabitants had to seek other sources of income. On the basis of local raw materials an intensive cottage industry got under way from which the later industrial production emerged. It comprised, above all, textiles, natural stones such as granite and marble, glass, porcelain, wood and basketwork, leather and toys. The transport of lumber on rafts from the Frankenwald down the Rodach and on to the Main and Rhine as far as Holland was famous at one time. One of the oldest industries is glass-making, which is concentrated today in the Fichtelgebirge and in "Tettau corner" to the north of Kronach. The manufacture of ceramics (Bayreuth faïence, Creussen tankards and Thurnau pottery), was given an unsuspected boost by the production of porcelain, and the eastern half of Upper Franconia between Hohenberg, Arzberg, Marktredwitz, Rehau and the porcelain town of Selb became the centre of the German porcelain industry. The strongest industrial branch is still the manufacture of textiles which particularly influences the economic structure of the area of Hof-Kulmbach-Bayreuth and Bamberg-Forchheim. The local cultivation of willows in the Upper Main region was the starting point for the production of wickerwork and upholstered furniture in Staffelstein, Michelau, and Germany's "wickerwork capital", Lichtenfels.

Apart from these "classical industries" to which belong for example the manufacture of toys and Christmas tree decorations in the Coburg region with the dolls' town, Neustadt, near Coburg, and the leather industry in Burgkunstadt, Rehau and Naila, electrical and mechanical engineering have increased in importance, supplemented by chemicals and synthetics manufacturers and above all by branches of the food and drinks, sweets and tobacco industries. Not to mention the beer, which has given Upper Franconia the name "Bierfranken" ("Beer Franconia"). The western side of the region contains the highest concentration of breweries in the world.

Upper Franconia's diversity can be seen both in its industry and commerce, its rich cultural traditions, and in its present-day cultural life. In all four Upper Franconian "Centres of Culture" — the principality of Bamberg, the margravate of Bayreuth, the duchy of Coburg, and the Vogtland and Sechsämterland around Hof, Selb and Wunsiedel, there is a well-rounded selection of cultural facilities: theatres, orchestras, libraries, museums, institutions of further education, and regular musical and theatrical events. There is the Bayreuth Wagner Festival which attracts artists and guests from all over the world, the International Youth Festival of Music and the "Franconian Music Festival Week" in the opera house of the margravine. Or the Luisenburg Festival on Germany's oldest and most beautiful open-air stage, the Trebgast open-air theatre productions and the Calderon Festival in Bamberg. Apart from Bamberg's theatre there are also the "thea-

tres of the three columns" (Dreispartentheater) in Coburg and in Hof, performances of the Bamberg and Hof symphony orchestras, the series of productions entitled Culture in Hof, Summer in Hof and Autumn in Hof, the International Hof Film Festival, and the Frontier Film Festival in Selb, concert series with first-rate musical ensembles such as Musica Bayreuth, the Plassenburg Serenades in Kulmbach, the Münchberg Bach Festival, the Pegnitz Summer Concerts, the concerts in Pommersfelden castle, sacred music in churches such as Lindenhardt, famous for its Grünewald altar, or in "Bavaria's prettiest village church", the baroque church in Pilgramsreuth,...and more than 80 museums and collections.

Food and Drink

Every region has its own gastronomic character. Upper Franconia's cuisine is as varied as its landscapes. A product of rustic traditions, it offers nourishing, healthy fare. Dumplings ("Klösse"), fried sausages and smoked meats still enjoy great popularity. Added to these is everything which forests, rivers and ponds in the way of game and fish, and a long-established tradition of kitchen gardening, produce. And, of course, the beer. It may come as a surprise to some that this beer drinkers' paradise with its many small country breweries was once a wine-producing region. Everywhere vines were cultivated and wine was drunk until it was ousted by the beer. The triumphal march of the fried sausage began, according to a chronicle, in 1341. Since then they have been fried, grilled, or cooked in vinegar — the so-called "Blaue Zipfel" ("Blue tips"). The most recent creation is the Bamberg "Zwiebeltreter-Bratwurst" ("Onion treader fried sausage"), the largest, the Coburg fried sausage, is roasted over pine cone embers. And if we really wish to do credit to the sausage, mention must be made of the Hof "sausage men" who extol their piping-hot wares in the brass pots with the words: "They're hot, they'll get cold on their own."

The potato was the subject of pioneering deeds. As early as 1648, directly after the Thirty Years War and long before the age of the Prussian king, people in the Selb and Pilgramsreuth areas had begun to grow potatoes, which were a welcome addition to the diets of many, before becoming their daily sustenance in the form of a great number of different dishes. The "pièce de résistance" of potato dishes are the raw or green dumplings (Klösse). Dumplings need a lot of sauce and they are also the centrepiece of all festive tables. There is no end to festive occasions in Upper Franconia: from christenings to weddings, first Communions and Confirmations, to open-air gatherings, beer festivals and rifle club meetings. But the principal event, around which the whole year revolves, is the church fair ("Kirchweih"), which is held even in places where no church stands. No-one eats and drinks by himself. All sit peaceably, close to each other, chatting, for the Franconian does like to talk. In that moment many a person senses a part of something which first appeared in childhood and which everyone longs for: his native land.

La Haute-Franconie

Rare serait le voyageur qui dirait en venant ici qu'il se rend en Haute-Franconie; il dit à peu près: en Suisse Franconienne, dans le Frankenwald, dans le Fichtelgebirge, à Bamberg, à Bayreuth, à Coburg ou tout simplement en Franconie. Ceux qui habitent ici se définissent plutôt en fonction de leur proche environnement, du paysage et en tant que Franconiens. Mais alors qu'est-ce que la Haute-Franconie? Tout d'abord une étendue administrative. Mais en même temps un pays dont la culture est très ancienne.

«Tout à fait près du centre de l'Allemagne se trouve le pays Franconien et il est entouré d'épaisses forêts et de montagnes sauvages», écrivit Sebastian Münster en 1544 dans sa «Cosmographey». Il n'exista pendant longtemps, en tant que région, que la Franconie qui s'étendait au milieu de l'Allemagne et de l'Europe, pleine de recoins, enchevêtrée, morcelée, n'ayant elle-même aucun centre défini, mais ouverte de tous côtés. Cette Franconie échut à la Bavière avec ses différents territoires au début du XIXᵉ siècle, lorsque Napoléon jeta les pays et les peuples pêle-mêle et brisa l'ancien Reich allemand, et elle fut enfin partagée en districts administratifs de Haute-Franconie, de Moyenne-Franconie et de Basse-Franconie, appartenant à l'ensemble de la Bavière moderne.

La Haute-Franconie, c'est donc: le district administratif le plus septentrional de l'Etat libre, mesurant 7.231 kilomètres carrés, avec un bon million d'habitants, au nord-est de la Bavière. Cela fait une impression officielle, froide et peu franconienne. De la sorte, cela ne fait pas du tout penser à l'«Eden Allemand» que Maître Johann Will, curé de Creussen, avait trouvé en 1692 «dans l'exquis Fichtelgebirge», ni à «Sanspareil», «l'incomparable», comme la margrave Wilhelmine avait nommé son jardin de rocailles dans le Jura Franconien, ni aux «trois paradis autour de Bayreuth» qui enthousiasmaient le poète Jean Paul, ni à la sentence du savant chanoine de Bamberg au XVᵉ siècle, Albrecht von Eyb, qui devint proverbiale par la suite: «Si Nuremberg était mien, c'est à Bamberg que je voudrais en profiter!»

Région frontalière au cœur de l'Europe

La région de Coburg, le Frankenwald et la Thuringe: c'est là que battait jadis «le cœur verdoyant de l'Allemagne»; il bat aujourd'hui encore dans le paysage qu'a traversé pendant beaucoup trop longtemps une frontière de fer. Ce sont des prairies ouvertes, de nombreuses forêts, des champs ondoyants, des horizons lointains, des hauteurs et des sommets arrondis, des panoramas sur le Fichtelgebirge et sur les régions du Main. La Forêt Franconienne et la Forêt de Thuringe: le «Rennsteig», l'ancien chemin de montagne depuis Hörschel sur la Werra jusqu'à Blankenstein sur la Saale, passe aussi à un moment donné par le territoire franconien. Chemin de poste, chemin frontalier, ligne de partage des eaux, il constituait la démarcation entre les peuples de Thuringe et de Franconie, il séparait les populations, les églises, les langages, les juridictions et les législations, les monnaies, les poids et les mesures, ainsi que le climat et la végétation, et il était également un lien, il l'est redevenu. Viktor von Scheffel, qui parcourut le sentier de randonnée, écrivit en 1863 dans un poème sur «l'ancienne limite entre les pays»:

«Tu parles à bon droit, si tu grimpes jusqu'à cette lisière:/Ici à droite, là à gauche! Ici le sud de l'Allemagne, là le nord./Quand la neige y fond, sa coulée se déverse dans le Main,/Ce qui goutte là vers la vallée, continue à ruisseler vers l'Elbe;/Mais la vie sait elle aussi trouver le chemin,/Ce qui sépare les hommes, cela doit aussi les relier.»

La Haute-Franconie a toujours été une région frontalière: avec la Thuringe, la Saxe, la Bohême et le Haut-Palatinat; mais elle est également le milieu, le cœur de l'Europe et pas uniquement du point de vue géographique: entre Paris et Varsovie, Amsterdam et Vienne, la Scandinavie et l'Italie; le milieu aussi en tant que ligne de partage des eaux européenne entre le Rhin, l'Elbe et le Danube, par conséquent entre la Mer du Nord et la Mer Noire. Elle a une position centrale en tant que pays des passages et des traversées, des routes militaires et commerciales, en tant que pont jeté entre la Franconie et la Bohême, la Bavière et la Prusse, les petits états allemands du centre et l'Allemagne du sud. Elle est au centre des échanges des biens et des idées, des courants artistiques et culturels qui s'y mélangèrent, s'y définirent, pour donner quelque chose de nouveau et d'original.

Grâce à sa situation centrale, une industrie active apparut très tôt en Haute-Franconie orientale. Partout des cheminées se mirent à fumer et des métiers à tisser à bourdonner. Les trains rapides grondaient à travers Hof, le Manchester bavarois, Marktredwitz devint le carrefour des grandes lignes européennes de chemin de fer, la «plaque tournante de l'Europe». La Haute-Franconie appartenait autrefois à un espace économique fermé qui comprenait la Thuringe, la Saxe et la Bohême, elle faisait partie du deuxième grand secteur industriel du Reich avec son point d'appui en Allemagne centrale. Après la Seconde Guerre mondiale, ces liaisons traditionnelles furent brutalement interrompues et la position centrale devint périphérique: une région en bordure de zone, un angle mort, le bout du monde. Aujourd'hui, après l'ouverture de la frontière et la réunification de l'Allemagne, cette région peut espérer recouvrer sa fonction de pont au cœur de l'Europe.

En cela la Haute-Franconie est marquée historiquement et culturellement de façon aussi variée que la Franconie proprement dite, dont le dénominateur commun est, c'est bien connu, la diversité. Elle n'a jamais eu de centre politique, jamais de capitale représentative; au contraire, les villes formant actuellement par elles-mêmes un «Kreis», une circonscription, Bamberg, Bayreuth, Coburg et Hof, constituent quatre centres, chacun ayant son caractère propre et sa tradition propre. L'articulation de planification régionale en Haute-Franconie de l'Ouest et Haute-Franconie de l'Est reflète toujours la double polarité dont on retrouve les fondements au Moyen Age avec l'archevêché des évêques de Bamberg au sud-ouest et le margraviat de Kulmbach-

Bayreuth au nord-est. Il y avait entre les deux les nombreuses possessions des couvents, des lignées, de la noblesse: une mosaïque de pierres et de débris multicolores. Ces différences sont aujourd'hui encore visibles et sensibles.

«Spectacles de la nature»

La physionomie du paysage de Haute-Franconie est aussi pleine de contrastes, elle se lit à plusieurs niveaux et présente de nombreux visages. Sur le plan géologique, toutes les phases importantes de l'histoire de la terre s'y révèlent des vieilles roches primitives jusqu'aux récents terrains de recouvrement et donc du paléozoïque jusqu'au présent: plus de 500 millions d'années. La richesse des formes géologiques et les variétés des minéraux dans un espace limité font sans cesse naître des impressions nouvelles et fascinantes. La forêt vient s'y ajouter comme élément déterminant; elle couvre presque 40% de la surface totale de la Haute-Franconie.

A l'ouest, le haut plateau du Jura Franconien se détache avec de hautes bordures étagées de la région du pré-Jura. Le paysage romantique entourant la Wiesent et ses affluents, à l'intérieur du triangle formé par les villes de Bamberg, Bayreuth et Nuremberg, a été jadis appelé simplement «Gebürg», puis au siècle dernier «Suisse Franconienne», et ce nom lui est resté. En 1829, le collectionneur d'objets d'art de Bamberg, Joseph Heller, écrivit dans son manuel pour randonneurs: «Ce que la Suisse offre en grand, on le trouve ici en réduction, et souvent de manière plus agréable à l'œil. La nature sublime se met ici davantage au niveau de l'homme.» Sur le plan géologique, la Suisse Franconienne constitue le contrefort nord du Jura qui s'étend de la Suisse proprement dite jusqu'au Haut-Main. C'est au Jura aussi qu'on doit les charmes et les particularités des paysages: de vastes étendues des hauts plateaux et d'étroites vallées profondément entaillées avec des parois abruptes et des cours d'eau sinueux, de solitaires vallées desséchées, des dolomites aux conformations rocheuses bizarres, une flore de calcaire typique avec des sabots de Vénus et des lis martagons, des gentianes des champs et des chardons argentés.

La transition depuis la Suisse Franconienne vers les roches primitives du nord-est du Frankenwald et du Fichtelgebirge est constituée par la région du Haut-Main, constituée de blocs brisés, une étroite dépression de terrain où vont se rassembler les sources qui alimentent le Haut-Main. Cette région de blocs brisés est apparue par tensions tectoniques au cours desquelles l'espace qui s'étend de Coburg à Bayreuth a été brisé et morcelé en petits blocs. La plupart des formes tectoniques courent parallèlement à la Ligne Franconienne, cette puissante faille inverse qui s'étire en droite ligne du nord-ouest au sud-est à travers la Haute-Franconie et qui sépare les anciennes roches primitives des récents terrains de recouvrement. Le changement constant de paysages est aussi surprenant dans la vallée du Haut-Main. Elle commence sous forme de vallée de keuper aux courbes souples au-dessous de Kulmbach, au confluent du Main Blanc, provenant du Fichtelgebirge, et du Main Rouge, provenant du Jura Franconien.

Les bordures rocheuses du Jura annoncent la vallée du Main jurassique. Après les grottes de lias ferrugineux des montagnes de Banz, dans l'ombre des forêts, et les rocailles du Mont Staffelberg, le paysage retrouve des lignes plus souples pour s'ouvrir ensuite sur l'ampleur de la vallée encaissée de Bamberg. Le pays de blocs brisés du Haut-Main est délimité vers le nord par la région de Coburg. Son charme réside dans son articulation que le regard peut facilement embrasser: dans une alternance de paysages faits de plateaux, de bassins et de fonds de vallées, de forêts de conifères et de bois feuillus à la manière d'un décor, de champs et de prairies, de terrains couverts de landes et de marécages. Les grès à grain serré et aux teintes chaudes de tout ce secteur ont fourni des matériaux de construction pour de nombreux ouvrages, par exemple le fort de Coburg, le château de Plassenburg à Kulmbach et la fortification de Rosenberg à Kronach.

La Forêt Franconienne s'élève sur la région du Haut-Main comme la sombre muraille d'une chaîne de montagnes moyennes. Même si sa façade boisée semble au premier abord rébarbative et fermée, de nombreux passages introduisent vers l'intérieur de ce paysage. Ce sont les vallées, entaillées à la manière de failles et parcourues de ruisseaux murmurants, plantées jusqu'au fond de forêts d'épicéas, des vallées dont l'aspect sauvage est saisissant. Par contre, le haut plateau aux douces ondulations, parsemé d'essarts isolés, est différent; on en a la meilleure vue d'ensemble depuis le plus haut sommet, le Döbraberg (795 m). C'est la forêt des flotteurs de bois, des charbonniers et des pauvres scieurs. Des toits d'ardoise et des maisons de schiste ont des reflets gris dans les villages. Le travail de l'ardoise a marqué le haut Frankenwald. Il n'y a nulle part ailleurs autant de variétés de minéraux, qui se succèdent souvent très vite. Des gneiss, des quartzites, des schistes argileux, des grès de houillères, des schistes talqueux, des métanorites, des diabases, etc...ont été jetés pêle-mêle avec toutes leurs couleurs par les effets conjugués du plissement, de l'érosion et du volcanisme. Vers l'est, le Frankenwald devient le haut plateau de gneiss de Münchberg et le Vogtland bavarois qui entoure Hof. C'est une vaste région avec des croupes de montagnes, des chaînes de collines, des sommets arrondis et des bosses, accumulés sans fin les uns sur les autres.

La Forêt Franconienne et les hauteurs du Erzgebirge, la Forêt Bohémienne et celle du Haut-Palatinat se rencontrent dans le nœud montagneux central du Fichtelgebirge. Les sommets du Schneeberg et de l'Ochsenkopf, les plus élevés de Franconie avec leurs 1053 m et 1024 m, s'élancent comme des cathédrales. En s'alliant aux sommets du Waldstein (880 m) et du Kornberg (827 m), de la Kösseine (938 m) et à la chaîne de collines de la forêt de Steinwald, ils composent un fer à cheval ouvert en direction du nord-est qui entoure le haut plateau de Wunsiedel. Le Haut Fichtelgebirge culminant est constitué de différents granits qui sont montés dans la croûte terrestre sous la forme liquide de roches plutoniennes incandescentes il y a environ 250 millions d'années et qui se sont figées avant d'atteindre la surface extérieure. Ce n'est que la formation en voûte entraînée par le plissement des massifs et l'érosion des terrains de recouvrement qui les mirent à jour. Les puissants massifs d'autrefois ont été usés et arrondis durant de longues périodes par les intempéries et les cassures, de sorte qu'un paysage de montagnes moyennes a fait son apparition avec des hauteurs souples aux courbes douces et des forêts d'épicéas à perte de vue. On peut faire dériver son nom, comme le fit Caspar Bruschius dès 1542, des nombreux épicéas ou, en tant que «Vichtelberg», c'est-à-dire «mont des lutins», du folklore qui sait si bien parler de lutins et de gnomes, d'elfes et de fées. Le Fichtelgebirge a aussi été dénommé la «crête de la Germanie». Probablement parce que c'est la région où quatre rivières prennent leurs sources: l'Eger, la Saale, le Main et la Naab qui se répartissent vers les quatre points cardinaux pour atteindre des deux côtés de la ligne de partage des eaux européenne la Mer du Nord ici, la Mer Noire là-bas.

Ancêtres - Témoignages de la préhistoire et de la protohistoire

Les fouilles archéologiques nous fournissent des informations sur les hommes qui vécurent ici il y a plusieurs milliers d'années: des outils, des armes, des bijoux et des poteries, provenant pour la plupart de tombes. La colonisation la plus ancienne de l'actuelle Haute-Franconie remonte au paléolithique, il y a quelques 100.000 ans. Il s'agissait de populations vivant de chasse et de cueillette, habitant sous des tentes et des cabanes de branchages, et qui fabriquaient déjà de nombreux instruments en pierre. Les sites des découvertes les plus importantes se trouvent au bord du Haut-Main, entre Lichtenfels et Kronach. Vers la fin du paléolithique, il y a environ 12.000 ans, les cavernes du Jura Franconien ont également été visitées et habitées par des groupes de chasseurs. La Haute-Franconie, à l'exception des massifs moyens du Steigerwald, du Frankenwald et du Fichtelgebirge, fut habitée depuis l'époque de la céramique rubanée, une civilisation du néolithique des environs de 2.000 av. J-C, qui exerçait maintenant l'agriculture et l'élevage, qui construisait des maisons et produisait de la céramique. Le site de trouvailles le plus célèbre est la Grotte des Demoiselles (Jungfernhöhle) près de Tiefenellern, en bordure ouest de Jura Franconien: outre des tessons, des ustensiles en pierre et en os, on y a trouvé les restes fracassés de 38 personnes, presque exclusivement des femmes et des enfants, qui avaient subi une mort violente et qui avaient visiblement été consommées. Il existe des découvertes de ce genre dans quelques autres cavernes d'Europe. Les savants y voient une relation entre le sacrifice humain et des représentations archaïques de la fécondité.

Comme le montrent les offrandes dans les tombes, une organisation sociale commença à se développer avec l'âge du bronze, et elle donna alors naissance à une noblesse déjà nettement guerrière au cours de la dernière civilisation à utiliser le bronze, celle des champs d'urnes (XIIe-VIIIe siècle av. J-C). Mais ce n'est que depuis l'époque de La Tène, appartenant à la grande ère de l'âge du fer, donc depuis le Ve siècle av. J-C environ, que nous pouvons mettre un nom de peuple en relation avec des découvertes préhistoriques, à savoir celui des Celtes.

Ceux-ci dominaient le pays depuis des places solidement fortifiées sur les hauteurs. Il existait de telles installations par exemple sur le Neubürg près de Bayreuth, sur le Turmberg près de Kasendorf, sur l'Ehrenbürg près de Forchheim ou sur le Staffelberg. Même après l'immigration des Germains a subsisté un substrat celtique que l'on peut percevoir surtout dans les noms de cours d'eau et de rivières (comme le Main, la Rednitz, la Pegnitz, l'Eger, la Naab, la Saale). La grande migration des peuples germaniques entraîna, vers le début de l'ère chrétienne, une nouvelle colonisation de la Haute-Franconie et une «germanisation» des Celtes établis. Les Burgondes et les Alamans traversèrent le pays. Aux alentours de 400 après J-C, des fortifications furent de nouveau érigées, probablement par les Thuringiens qui élargirent leur empire jusqu'à Passau. La prise de pouvoir des Francs sur le pays intervint au VIe siècle et elle put se poursuivre librement après la destruction de l'empire thuringien en 531.

Les Francs, peuple germain de l'ouest, apparaissent pour la première fois en 258 après J-C, dans des documents romains. Après l'effondrement de l'empire romain, ils prirent le pouvoir en Gaule et s'avancèrent au-delà du Rhin en direction de l'Est, jusque dans la région du Main qui hérita de leur nom. Les Francs s'établirent d'abord sous forme de petits villages, ils prirent en charge l'organisation des paroisses après la christianisation et leur domination pénétra tout le pays. Cependant ils ne restèrent pas seuls. Des colons slaves, qui donnèrent leur nom à de nombreuses localités, sont attestés depuis le VIIe-VIIIe siècle au plus tard. Une immigration des peuples «Bajuwars» survint également en provenance du sud-est; bien entendu, les «Boier qui s'appellent désormais Baier» étaient alors des sujets francs, avec à leur tête un duc mis en place par le roi des Francs. C'est ainsi qu'il se produisit au début du Moyen Age un mélange d'influences des colonies d'origine franque, slave et bavaroise dans l'actuelle Haute-Franconie. Chacun des groupes de populations participa aux grandes phases constructives et ils furent également tous soumis au processus de mise en place de la féodalité et à l'apparition de la vassalité comme forme de domination.

«C'est ici que se trouve la capitale du monde»

Les Francs avaient partagés le pays en comtés et en provinces. Les centres de l'administration étaient les châteaux et les cours des rois. Deux lieux de cette sorte sont mentionnés en 805 dans un édit de Charlemagne: Hallstadt près de Bamberg et le château de Forchheim; le site jurassique de Königsfeld est documenté dès 741 sous forme de «Chunigeshofe». Après l'effondrement du grand empire franc, des familles de la noblesse locale saisirent la chance de s'approprier des terres et des pouvoirs, ici surtout les Konradiner et les Babenberger. Le château de «Babenberh» est mentionné pour la première fois en 902, c'est ainsi que Bamberg fait son entrée dans l'histoire.

Bamberg, la ville aux sept collines, la «Rome allemande», doit son importance à l'empereur Henri II. Choisi en 1002 pour être le roi des Allemands, mais loin de faire l'unanimité, Henri fut d'abord amené à établir sa légitimité puis à écraser le margrave de Schweinfurt en rebellion. Il fonda en 1007 l'évêché de Bamberg avec son épouse Kunigunde, en quoi des visées politiques firent cause commune avec une piété personnelle. La haute cathédrale, qui fut consacrée en 1012, apparut tout près du château: il s'agit d'une basilique à nef triple avec un transept et deux chœurs, expression de l'interdépendance de la charge de souverain et de la dignité sacerdotale dans la royauté consacrée. Henri II, qui se fit couronner empereur à Rome en 1014, a pourvu son évêché de biens avec largesse. Vinrent s'y ajouter la somptuosité de l'organisation liturgique, des objets et des vêtements de culte, des précieux manuscrits (conservés aujourd'hui au musée diocésain et dans les bibliothèques nationales de Bamberg et de Munich). L'«idée de Bamberg» de l'empereur Henri est interprétée en 1014 par un chant de louange de l'Abbé Gerhard von Seeon, qui compare le siège épiscopal et le Bamberg dépourvu de tradition avec les capitales du monde occidental comme Jérusalem, Athènes, Rome, et qui culmine avec les phrases suivantes:

> «Ici les montagnes resplendissent d'or, les charges d'argent, des pierres précieuses scintillantes ornent de riches étoffes soyeuses...C'est ici que se trouve la capitale du monde, le berceau de toute renommée.»

Le milieu de l'empire et le «nombril du monde» était représenté par une colonne sur la place de la cathédrale, appelée par la suite «colonne de Tattermann», qui ne fut abattue qu'en 1779. Apparemment, on mesurait à partir de cette colonne les distances jusqu'aux domaines des couvents et aux maisons religieuses. Elle devint ainsi le centre d'une croix géante s'étendant au-delà de la ville de Bamberg et dont l'abbaye St Michel des Bénédictins et les couvents de St Stéphane, St Gangolf et St Jacques constituent les extrémités.

A leur mort, l'empereur Henri († 1024) et l'impératrice Kunigunde († 1033) furent inhumés dans la cathédrale. Le monument funéraire qui les renferme a été créé vers 1500 par Tilman Riemenschneider. Des hommes importants du XIe siècle, des évêques et de hauts fonctionnaires de l'empire, sont sortis de la célèbre école de la cathédrale qu'avait fondée Henri. Le deuxième évêque de Bamberg, Suidger, accéda déjà à la fonction ecclésiastique suprême: il devint pape en 1046 sous le nom de Clément II. Lorsqu'il mourut en 1047 après une brève période d'exercice, il fut transféré selon ses vœux dans la cathédrale de Bamberg qui abrite ainsi le seul tombeau papal conservé au-delà des Alpes. Au XIIe siècle, l'évêque Otto 1er le Saint (1102-1139) évangélisa la Poméranie encore païenne et obtint de la sorte le titre d'«Apôtre des Poméraniens». Mais Otto exerça aussi ses activités dans un rayon plus proche, il fonda et réforma de nombreux couvents, il bâtit des églises et des châteaux, il acquit ou échangea d'autres châteaux et établit ainsi la base du développement territorial étatique de l'évêché. La cathédrale d'Henri enfin lui doit son nouvel aménagement à la suite de l'incendie de 1081. Cependant un deuxième incendie dévastateur toucha la cathédrale en 1185.

Au XIIIe siècle, sous l'évêque Ekbert (1203-1237), issu de la puissante maison des comtes d'Andechs-Méranie, la cathédrale de Bamberg prit sa forme monumentale actuelle, reliant par ses quatre tours la terre et le ciel. En marche de l'est vers l'ouest et du roman vers le début du gothique, un chef-d'œuvre de niveau européen y a été réalisé (consécration en 1236). On conserva alors la conception du premier édifice et par conséquent son caractère à double chœur (chœur St Georges à l'est, chœur St Pierre à l'ouest). A l'extérieur, les parties des portails avec leurs statues sont toujours aussi impressionnantes, surtout le portail princier dont le point de mire est le Jugement Dernier: avec des bienheureux au sourire large et joyeux, indubitablement franconien. Puis on trouve à l'intérieur la beauté corporelle fragile de la Synagogue près de l'Ecclesia, le groupe représentant la visitation de Marie à Elisabeth, au regard sibyllin perdu dans le lointain, l'ange rieur, les prophètes plongés dans une discussion animée, chefs-d'œuvre de la statuaire sculptés dans un grès de roseaux gris pâle. L'œuvre plastique maîtresse de la cathédrale est le Cavalier: un seigneur juvénile monté tranquillement sur son cheval et dont le regard plonge vers l'ouest dans la nef principale. Il est unique en son genre, mystérieux, object de multiples interprétations. Probablement sans rapport avec aucun personnage concret, ce Cavalier de Bamberg incarne le pouvoir royal et l'homme au stade de la perfection. Le baldaquin, symbole de la Jérusalem céleste, l'élève dans la sphère du sacré. Pour le Moyen Age, la cathédrale tout entière était bien une image de la cité céleste et cette ville idéale transfigurait le paysage citadin.

Couvents et églises, villes et châteaux

Après le couvent de St Michel à Bamberg (1015) les Bénédictins obtinrent vers 1070 un deuxième établissement avec le couvent de Banz sur le Haut-Main. L'évêque Otto le Saint, soutenu par des donations de la noblesse, fonda en 1132 dans une vallée y faisant face le couvent de Langheim qu'il céda à l'ordre récent des Cisterciens. Venant de Bourgogne, ceux-ci s'étaient déjà établis vers 1127 à Ebrach dans la forêt de Steigerwald. Alors qu'Ebrach, appartenant à l'évêché de Wurzbourg, se trouvait en relation étroite avec les Staufen, Langheim devint le couvent de famille des lignées comtales d'Andechs-Méranie, d'Orlamünde et de Truhendingen. Depuis le milieu du XVe siècle, les moines de Langheim se chargent aussi du pèlerinage le plus important de Franconie aux quatorze saints auxiliaires avec la future basilique de Vierzehnheiligen.

Des couvents féminins, où les religieuses, issues pour la plupart de la noblesse, vivaient selon les statuts de l'ordre cistercien, apparurent également. L'abbaye cistercienne de Sonnefeld fut établie en 1260 près de Coburg par une fondation des chevaliers de Sonneberg. L'église du couvent, aujourd'hui église paroissiale évangélique, est l'un des édifices gothiques les plus puissants de Haute-

Franconie. La cistercienne de Schlüsselau, située dans la vallée du Reichen Ebrach, était une fondation (vers 1280) et un couvent de famille de la noblesse de Schlüsselberg. Himmelkron, situé entre Kulmbach et Bad Berneck, fut fondé en 1279 par le comte d'Orlamünde et par sa femme pour être le caveau de leur lignée. L'aile sud intacte du cloître est un important témoignage de l'architecture du gothique flamboyant avec une riche décoration statuaire. Des anges de pierre regardent du haut des champs de la voûte à nervures réticulée, chantant ou jouant de la musique en tenant dans leurs mains des partitions ou des instruments anciens: un luth, une trompette marine, une vielle, un tympanon, une cornemuse et une harpe, une viole et un triangle, ainsi que de multiples instruments à vent. Voilà une série unique en son genre dans l'art sculptural allemand de la fin du Moyen Age. Pendant cette période et par la suite, l'art gothique resta la forme d'expression déterminante dans la ville et la région. Dans certains endroits, des églises fortifiées, souvent renforcées par le cimetière, constituent d'impressionnants exemples de la fonction protectrice des lieux de culte à cette époque. Parmi les mieux conservées, citons Königsfeld dans le Jura, avec son clocher massif d'origine romane, Steinbach am Wald, avec sa couverture d'ardoise typique dans ce paysage, et Effeltrich dont la ceinture protégée par des tours contribue aussi au cachet de l'endroit. Des églises à clocher surmontant le chœur sont également caractéristiques de la Haute-Franconie, de même que les tours à cinq pointes dans la région de Bamberg et de Coburg: ce sont de pittoresques constructions comportant quatre tourelles d'angle entourant la base de la haute flèche centrale.

Murailles, tours et portes, qui sont des signes particuliers de la cité médiévale fortifiée, sont encore préservés en plusieurs lieux de Haute-Franconie, presque entièrement à Sesslach, sur de larges portions à Kulmbach et sur la plus vaste étendue à Kronach, où la chapelle Ste Anne en forme de tour sur la muraille fut elle-même incluse dans le système de défense. Nous découvrons encore de temps en temps d'anciennes portes de cité, également des tours de porte à Weismain et à Lichtenfels qui se dressent à côté de la porte pour la flanquer.

Des châteaux et des palais, jadis sièges du pouvoir et signes de puissance, donnent à la Haute-Franconie son caractère particulier. La multitude de châteaux fondés au Moyen Age est due à la noblesse libre et aux feudataires (charges impériales), et par la suite aux seigneurs terriens. Qu'il s'agisse de citadelles sur les hauteurs dans la région du Jura et dans celle précédant le Frankenwald ou de châteaux-forts barrant les issues des vallées du Steigerwald, ces bâtisses d'habitation et de défense étaient pratiquement inexpugnables. Beaucoup sont en ruines, d'autres ont été reconstruites et pour certaines seul le nom en préserve le souvenir. Le château de Zwernitz présente encore des pierres de taille bombées du temps des Staufen; Mitwitz (le palais inférieur), un château-fort entouré d'eau, a été transformé, comme tant d'autres, en château renaissance. Tout à fait au nord, à la frontière de la Thuringe, le château de Lauenstein édifié au XIIe siècle sur une haute montagne en cône dominant la vallée de Loquitz, et même dès 915, à en croire la légende, par le roi des Francs Konrad 1er, le château de Lauenstein est actuellement un musée en

même temps qu'un hôtel où descendent volontiers les couples romantiques.

Les résidences fortifiées de la noblesse, situées dans les vallées rocheuses de la Wiesent et de ses affluents, étaient celles qui voisinaient de la façon la plus compacte. C'est là qu'apparurent les premiers châteaux-forts avec Pottenstein et Gössweinstein vers 1070 et les derniers aux environs de 1360. Il existait en tout 149 châteaux dans la région de la Suisse Franconienne. Parmi eux 35 sont encore habités ou habitables, dont deux par les descendants nobles des constructeurs de jadis: les barons d'Egloffstein vivent depuis 1184 au château d'Egloffstein et les barons d'Aufsess depuis 1114 dans celui d'Unteraufsess.

«En Allemagne on ne pourrait pas trouver de forteresse comparable»

La carte du monde d'Ebstorf (1240 environ), dont une copie se trouve au château de Plassenburg à Kulmbach, indique aussi, en regard d'autres régions importantes du monde, la «Francia orientalis»: la Franconie de l'Est, comprenant Nuremberg, Forchheim, Bamberg et justement le château de Plassenburg.

Un siècle environ après Kulmbach (vers 1035), la cité au pied de la montagne, le château surplombant le pays des deux Mains est mentionné pour la première fois en 1135: en tant que possession des comtes d'Andechs, ducs de Méranie. La puissante famille d'Andechs-Méranie donna naissance à plusieurs évêques et ses filles siégeaient aux alentours de 1200 sur trois trônes européens; leur sphère de domination s'étendait de la Hongrie à la Bourgogne et de la Silésie à Merano au bord de l'Adriatique. La transformation de Kulmbach, la fondation de Bayreuth et la construction du château de Plassenburg comptent parmi leurs réalisations en Haute-Franconie.

Lorsque la famille s'éteignit en 1248, la région entourant Kulmbach alla aux comtes d'Orlamünde et celle de Bayreuth aux burgraves de Nuremberg. Les Orlamünder transformèrent le château de Plassenburg en résidence et ils fondèrent le couvent de Himmelkron; mais dès 1340 les Hohenzollern, burgraves de Nuremberg, reprirent également Kulmbach et le Plassenburg.

Les burgraves Hohenzollern commencèrent alors à constituer leur domination à partir du puissant château de Plassenburg. Ils s'approprièrent en brûlant les obstacles des parties de la région impériale de l'Eger, le futur «Sechsämterland» (le pays aux six juridictions) avec Wunsiedel, Weissenstadt, Kirchenlamitz, Thierstein, Hohenberg et Selb, en 1373 ils obtinrent Hof et la région de la Regnitz des baillis de Weida et eurent enfin en mains la partie orientale de la Haute-Franconie comme territoire relativement clos. En 1363 ils reçurent le privilège de princes, en 1415 la dignité d'électeurs ainsi que la marche de Brandebourg et ils s'appelèrent désormais margraves de Brandebourg-Kulmbach. Une seconde capitale des Zollern était apparue en Moyenne-Franconie avec Ansbach.

La guerre des paysans, qui ravagea la Franconie en 1525, toucha à peine les margraviats de Kulmbach et d'Ansbach. Dans celui de Bamberg en revanche, 150 châteaux et six couvents furent la proie des flammes; les bourgeois de Bamberg se rallièrent aux insurgés et forcèrent l'évêque à s'enfuir au château d'Altenburg. Après la répression des paysans, l'archevêché se montra modéré alors que le margrave Casimir exerça depuis Ansbach une justice sévère sur certains de ses bourgs et villages. La Réforme a été introduite dans la principauté d'Ansbach-Kulmbach en 1528: à partir du Plassenburg sur ordre du margrave Georg. La reconnaissance définitive de la doctrine protestante eut lieu fin 1528 lors de la diète d'Obergebirge.

A Bamberg, la Réforme commença par faire de nombreux adeptes parmi les bourgeois comme dans le clergé, même à la cour épiscopale. Ce n'est que l'évêque Ernst von Mengersdorf qui, usant énergiquement d'autorité, rétablit l'ordre catholique par des mesures draconiennes. Le schisme confessionnel eut de vastes répercussions sur la Haute-Franconie. Le margraviat se libéra des liens qui le rattachaient jusqu'alors à l'Eglise, la polarité entre l'est et l'ouest se trouva encore accrue et certaines frontières politiques devinrent religieuses. On le sent aujourd'hui encore. A région différente, mentalité différente, usages et coutumes festives différents.

Au milieu du XVIe siècle, le margrave Albrecht Alcibiades tenta par la force brutale d'agrandir son pays aux dépens de Bamberg, de Wurzbourg et de Nuremberg. Après quelques succès initiaux du «margrave sauvage», l'armée impériale intervint, prit les villes du margraviat en 1553, et en 1554 le château de Plassenburg tomba également à la suite d'un siège de sept mois, il fut réduit en cendres et démoli. Le margrave Georg Friedrich d'Ansbach, qui reprit en 1557 le pouvoir à Kulmbach, se chargea alors de sa reconstruction. Une bâtisse monumentale et imposante, réunissant le château-fort et le palais, apparut sous la conduite des travaux de Caspar Vischer. L'architecte de Kulmbach, sûr de lui, déclara qu'«en Allemagne on ne pourrait pas trouver de forteresse comparable.»

Villes de résidence

A l'époque où le Plassenburg était encore la résidence fixe des margraves, les ducs de Coburg descendirent depuis leur forteresse jusqu'à la cité et firent construire (à partir de 1543) le palais d'honneur à l'emplacement d'un couvent des Cordeliers qui avait été dissout par la Réforme: c'est, après celle de Landshut, la deuxième plus ancienne résidence citadine de la Renaissance en Allemagne. Bien entendu, la forteresse (Veste), également surnommée «couronne franconienne», est aujourd'hui le principal pôle d'attraction surtout en raison de ses importantes collections d'art et de son panorama exceptionnel: il s'étend sur la forêt de Thuringe et de Franconie et, au-delà du Fichtelgebirge, jusque dans la vallée du Haut-Main, jusqu'aux montagnes de Hassberg, jusqu'au Rhön. Coburg, mentionné pour la première fois en 1056 dans une chronique de couvent, constitue un cas particulier dans l'histoire de la Haute-Franconie. Durant des siècles, le duché est

resté orienté vers la Thuringe et la Saxe sur le plan dynastique, politique et économique, même alors que le franconien était dominant dans le langage et dans la «manière du pays». Ce n'est qu'en 1918 qu'on se sépara de l'Allemagne centrale et le petit état de Coburg fut rattaché en 1920 à l'Etat libre de Bavière par un référendum.

On retrouve des traces des origines de la forteresse jusqu'à l'époque des Staufen (1150-1250). On suppose que dès les IXe et Xe siècles un domaine royal se trouvait là où se situe actuellement la ville. En 1248, la forteresse alla aux comtes de Henneberg et en 1353 aux Wettiner, originairement margraves de Meissen et dont les descendants régnèrent dans plusieurs lignées jusqu'à la fin de la Première Guerre mondiale et firent de cette ville un centre culturel. C'est ainsi que le duc Franz Friedrich Anton (au pouvoir de 1799 à 1806) constitua le cabinet des gravures sur cuivre de la forteresse à partir de sa considérable collection de gravures (300.000 feuilles à l'heure actuelle). Son fils, Ernst 1er (1806-1844) donna au palais d'honneur sa décoration de façade néo-gothique et il dessina la vaste place du Château avec le théâtre de la Cour (aujourd'hui théâtre régional). Ernst II (1844-1893) fit aménager le parc du Château en jardin anglais et créa ainsi un vaste espace reliant le château de la cité à la forteresse. Coburg atteignit au XIXe siècle une importance internationale grâce à une adroite politique matrimoniale de la maison princière: ses membres se trouvèrent à la tête de nombreuses monarchies d'Europe.

A Bamberg aussi, beaucoup de choses rappellent la volonté d'édification de la Renaissance: le château de Geyerswörth sur l'île de la Regnitz, la façade de l'ancienne résidence de la cour avec son bâtiment de chancellerie décoré d'encorbellements ou l'hôtel des noces municipal près du Kranen. De plus l'archevêché avait le souci de protéger son territoire. A Kronach, la forteresse de Rosenberg, rempart nord des évêques de Bamberg, fut transformée à partir de 1564, depuis Otto 1er, en château d'habitation et à l'époque suivante en une puissante fortification qui devait se révéler inexpugnable. La Galerie Franconienne est aujourd'hui installée dans l'ancien pavillon du commandant de la forteresse de Rosenberg, joyau parmi les musées bavarois, renfermant d'importants tableaux et sculptures du Gothique et de la Renaissance, ainsi que quatre peintures de Lucas Cranach l'Ancien (1472-1553), le fils le plus célèbre de Kronach.

Kulmbach perdit bientôt son importance. La décision du margrave Christian (1603-1655) de transférer sa résidence du Plassenburg à Bayreuth ne put se réaliser complètement qu'en 1642, en raison des deux incendies de la ville de Bayreuth (1605 et 1621) puis à cause de la guerre. Cette Guerre de Trente Ans gagna aussi la Haute-Franconie divisée sur le plan confessionnel où l'archevêché et le margraviat se dressaient désormais l'un face à l'autre avec hostilité. Des troupes étrangères dévastèrent les villes et les villages; c'étaient souvent même des compatriotes qui se battaient avec acharnement. Il fallut longtemps avant de pouvoir surmonter les conséquences de la guerre. Mais alors un nouvel épanouissement prit son essor. Dans tout le pays, on se mit à bâtir, des églises et des couvents firent partout leur apparition, des châteaux et des maisons de plaisance prirent place dans des lieux et des parcs récemment aménagés.

Baroque et rococo -
châteaux, jardins et musique

Bayreuth, située dans la deuxième vallée encaissée du Main Rouge et qui fut élevée relativement tard au rang de ville de résidence des margraves, apparaît pour la première fois dans un document en 1194 sous forme de «Baierrute» («Essartage des Bavarois»), puis elle est évoquée en tant que «civitas» (ville) en 1231: il s'agit d'une agglomération seigneuriale avec son église, son château, son marché de rues et son rempart d'enceinte. Il ne subsiste plus aujourd'hui des parties les plus vieilles de l'Ancien Palais que la tour octogonale construite en 1565 d'après des plans de Caspar Vischer, le symbole de Bayreuth. Après le margrave Christian, son petit-fils et successeur Christian Ernst (1655-1712) donna à la ville ses accents architecturaux et l'ouvrit à la solennité baroque. L'opéra de Bayreuth fut mis en service dès 1662, à l'occasion de son mariage avec Erdmuthe Sophie de Saxe. Sur la fontaine des Margraves (aujourd'hui devant le Nouveau Palais) Christian Ernst se fit représenter par le sculpteur Elias Räntz monté à cheval en qualité de maréchal d'empire et de conquérant des Turcs, entouré des allégories figurant les quatre fleuves du Fichtelgebirge: la Saale, l'Eger, la Naab et le Main. Son fils Georg Wilhelm, alors qu'il n'était que prince héritier, édifia sa propre cité avec son château, son église collégiale et son théâtre: St Georges près du lac, et le «lac de Brandebourg», artistiquement aménagé, servait en même temps de décor à de nombreux opéras et fêtes costumées avec des batailles navales, des feux d'artifice et des jeux d'eaux. Durant son margraviat (1712-1726), Georg Wilhelm construisit encore le pavillon de chasse de Thiergarten et, avec son château de l'Eremitage aux portes de la ville, il établit la base de l'art horticole de Bayreuth.

«On construit à Bayreuth un ermitage sensationnel», écrivit en ce temps-là Lothar Franz von Schönborn, lui-même «travaillé par le démon de la construction», prince-évêque de Bamberg (1693-1729), prince électeur et archevêque de Mayence, ainsi que grand chancelier de l'empire. Il était à cette époque la personnalité la plus éminente de Franconie et c'est aussi avec lui que commença la vaste activité du bâtiment de la famille d'architectes Dientzenhofer. Bamberg dut son premier grand édifice profane à Leonhard Dientzenhofer, avec la résidence sur le mont de la cathédrale; des façades baroques apparurent dans la ville et des palais bourgeois, tels que la maison des Bottinger ou la magnifique Concordia sur la rive de la Regnitz. Certains couvents et fondations s'accordèrent de spacieux nouveaux bâtiments comme Ebrach dans le Steigerwald, St Michel à Bamberg ou l'abbaye des Bénédictins de Banz. Et le grandiose château de Schönborn de Weissenstein apparut à Pommersfelden, conçu essentiellement par Johann Dientzenhofer d'après les idées du propriétaire, avec le premier de ces escaliers gigantesques qui devinrent justement si typiques de l'art baroque franconien. Le neveu de Lothar Franz, Friedrich Karl von Schönborn (1729-1746), prince de l'Eglise à Bamberg et à Wurzbourg, chargea le génial Balthasar Neumann de la direction de l'ensemble des travaux de construction. En compagnie de son élève et

successeur Johann Jakob Michael Küchel, Neumann créa l'église de pèlerinage de Gössweinstein, œuvre importante de ses débuts, et, outre de nombreux autres édifices dans l'évêché, il termina par l'église de pèlerinage de Vierzehnheiligen, couronnement de l'art architectural sacré baroque: c'est un flux entrelacé d'ovales, de courbes, de parois lumineuses, centrés sur l'autel des grâces qui s'élève presque en état d'apesanteur. Perfection du rococo pénétré de spiritualité, celui-ci trouva son écho chez la souriante Kunigunde de Peter Benkert sur le Pont Bas à Bamberg, dans les sculptures du parc de Seehof dues à Ferdinand Dietz, ainsi que ses statues de la roseraie de Bamberg.

Le Bayreuth des Margraves vit son apogée avec le margrave Friedrich (1735-1763) et son épouse Wilhelmine, fille du roi de Prusse et sœur de Frédéric le Grand. Alors que le margrave favorisait essentiellement l'architecture, Wilhelmine, douée de talents multiples, affectionnait également les autres arts: elle écrivait des poèmes, peignait, faisait de la musique et elle composa même un concerto pour clavecin et un opéra («Argenore»); ses mémoires aussi devinrent célèbres, de même que sa correspondance avec son frère à Berlin à qui elle écrivit: «Rien ne me fait plus plaisir qu'un bel opéra; mes oreilles conduisent les sons gracieux jusqu'au plus profond de mon cœur. Un beau jardin, de somptueux édifices enchantent mon regard.» C'est elle qui poursuivit la transformation de l'Eremitage, y fit placer des ruines et des grottes artificielles, des bassins avec des fontaines et des jeux d'eaux, l'orangerie avec le temple du soleil. A son arrivée à Sanspareil, la margrave trouva «comme maître d'œuvre la nature elle-même»; elle associa son bouquet de roches à la mythologie antique et donna naissance à une forme primitive de jardin anglais avant la lettre. L'opéra des margraves fut achevé en 1748 pour le prestigieux mariage de la fille du margrave: à l'extérieur, c'est une œuvre de Joseph Saint-Pierre et à l'intérieur l'architecte de théâtres Guiseppe Galli-Bibiena a une fois encore développé tout le pathos du baroque. Le «rococo de Bayreuth» a été créé dans les salles intérieures du Nouveau Palais. Des décorations à base de fleurs et de treilles, de chinoiseries, de coquillages et de tessons de miroirs révèlent le goût particulier à la cour des margraves.

La Franconie devient la Bavière

La fin des territoires de Haute-Franconie survint avec le passage au XIXe siècle. Bayreuth était liée à Ansbach depuis 1769 par une union personnelle. Le dernier margrave, Carl Alexander, se désista de ces deux principautés en faveur du roi de Prusse en 1791. Pendant l'exercice du ministre Karl August von Hardenberg, bienveillant vis-à-vis des réformes, le jeune Alexander von Humboldt arriva en Franconie en tant qu'administrateur supérieur des mines et tenta de réorganiser les mines ruinées du Fichtelgebirge et du Frankenwald; il fonda à ses propres frais une école libre de mineurs à Bad Steben. Après l'«intermezzo prussien», Bayreuth se trouva sous la domination napoléonienne à partir de 1806 puis alla au royaume de Bavière en 1810.

Il en fut de même pour Bamberg. Adam Friedrich von Seinsheim

(1757-1779) et Franz Ludwig von Erthal (1779-1795) avaient régné comme des princes éclairés et avaient soutenu l'économie, l'enseignement et la santé publique. Christoph Franz von Buseck (1795-1802) fut alors le dernier prince-évêque de Bamberg. La Paix de Lunéville en 1801 mit la France en possession des territoires du Reich de la rive gauche du Rhin; il fallait donc que les principautés ecclésiastiques et les villes d'empire de la rive droite du Rhin dédommagent les princes allemands. Avant même la fin des négociations, en septembre 1802, la Bavière occupait les régions qui lui étaient destinées, parmi lesquelles aussi l'archevêché de Bamberg. La prise de possession s'effectua sans résistance. Dans la foulée de la sécularisation de 1803, les maisons religieuses et les couvents de la ville et de l'évêché furent dissous en majeure partie, des églises furent rasées et on emmena à Munich les précieux trésors artistiques. Lorsqu'en 1810 la principauté de Bayreuth échut à la Bavière, d'importantes administrations y furent transférées. Les archives nationales, la bibliothèque nationale et le tribunal d'appel, actuellement tribunal de grande instance du land, restèrent à Bamberg. Ni Bamberg ni Bayreuth n'échappèrent au destin de la provincialisation. A partir de ces deux territoires et d'autres possessions on créa une circonscription administrative appelée d'abord «Mainkreis», puis «Obermainkreis»; on introduisit enfin le nom de Haute-Franconie en 1837. Après la Première Guerre mondiale, cette région se vit encore considérablement agrandie par le rattachement de l'ancien duché de Coburg à la Bavière par un référendum en 1920.

La Haute-Franconie a apporté à l'ensemble de la nouvelle Bavière son histoire et ses arts, son application professionnelle et ses paysages - paysages qui ont déjà été découverts, parcourus et décrits avec enthousiasme par les écrivains, les artistes et les voyageurs du début du XIXe siècle. Les expériences faites par les étudiants d'Erlangen Wackenroder et Tieck à Bamberg et au cours de leur voyage dans le Fichtelgebirge à travers la Suisse Franconienne ont marqué la sensibilité du romantisme envers la nature. E.T.A. Hoffmann, qui vécut à Bamberg pendant cinq ans, d'abord comme directeur musical du théâtre, y éprouva des impulsions décisives pour son œuvre littéraire. Friedrich Rückert (1788-1866) a vécu et rédigé son poème «Liebesfrühling» (Printemps d'Amour) à Coburg; il choisit plus tard le bienaimé Neuses près de Coburg comme lieu de retraite. Le plus grand génie poétique de Franconie, Jean Paul (1763-1825), né à Wunsiedel, se fixa à Bayreuth après de longues années d'errance, attiré par les «jardins d'agrément» et les «châteaux magiques» de la ville de résidence, plus encore par la bière de Bayreuth. Il sortait souvent en promenade jusqu'à la Rollwenzelei où il avait sa chambrette de poète. Et il évoquait trois paradis autour de Bayreuth: le château de Fantaisie était le premier, le second se trouvait à l'Eremitage «et la contrée tout entière constituait le troisième». Le jeune Richard Wagner (1813-1883) vit pour la première fois en 1835, «baignée par la douce lueur du soleil couchant», cette ville qui devait devenir la cité de ses festivals. La municipalité lui fit cadeau du terrain sur la Colline Verte; en 1872 Wagner vint s'installer à Bayreuth, en 1874 il emménagea dans sa villa Wahnfried et le premier festival eut lieu en 1876.

Labeur et industrie

Mais la force proprement dite de ce pays s'est exercée dans l'économie. Avec l'industrialisation, se mettant en place à partir du milieu du XIXe siècle, apparut la région d'usines de la Haute-Franconie qui, grâce à sa situation centrale et à un développement précoce des communications (construction d'un chemin de fer) mais surtout grâce à ses liens étroits avec le secteur industriel d'Allemagne Centrale et de Bohême, devint une composante de la deuxième plus grande zone de concentration urbaine du Reich Allemand. La ville de Hof se développa rapidement, devenant le «Manchester bavarois», le centre industriel le plus important de Bavière.

Pourtant Hof est une très vieille cité dont l'histoire remonte jusqu'au XIIe siècle, même si les guerres et les incendies n'ont pas laissé subsister grand-chose d'ancien. L'agglomération de Rekkenze, baptisée d'après la rivière Regnitz qui transmit également son nom à la région, fit son apparition vers 1150, peut-être même avant. C'est près de la «vieille ville» avec la première église paroissiale de St Laurent que les ducs d'Andechs-Méranie fondèrent vers 1230 la nouvelle cité fortifiée, appelée par la suite «curia Regnitz», «Cour de Regnitz», ce qui donna le nom de Hof (= cour). Après 1248, cette région fut prise en charge par les prévôts impériaux de Weida, grâce à qui Hof obtint en 1319 le titre de cité, et dont le nom de la contrée du Vogtland (Vogt = prévôt) évoque encore le souvenir. En 1373, les burgraves de Nuremberg parvinrent à acquérir Hof et le pays de Regnitz et à étendre ainsi leur territoire, le futur margraviat de Kulmbach-Bayreuth, vers le nord-est.

Les Hohenzollern régnèrent alors durant plus de 400 ans; la ville de Hof partagea ensuite le même sort que la principauté de Bayreuth et fut intégrée avec elle dans le royaume de Bavière en 1810. Après le dernier grand incendie de la ville en 1823, qui anéantit 90% de l'ensemble des bâtiments, le centre revêtit cette allure néo-classique à la Louis-Philippe, agrémenté de quelques éléments néo-gothiques comme l'église St Michel et la Mairie, datant toutes les deux de l'époque gothique. Une ceinture de cheminées et d'usines devait bientôt s'établir autour de la ville. Avec l'ouverture de la première gare de chemin de fer en 1848 et l'installation de la première filature mécanique de coton en 1853, Hof commença son ascension pour devenir une cité industrielle et commerciale active, la «ville des fuseaux», ce qui attira également d'autres branches de l'industrie.

L'industrie de la Haute-Franconie pouvait se rattacher à une production artisanale riche de traditions, développée très tôt. L'exploitation minière dans le Fichtelgebirge et le Frankenwald avait eu pour effet de donner naissance à des agglomérations et d'aboutir à une certaine densité de la population. A la suite de l'épuisement des gisements de minerai, les habitants durent chercher d'autres sources de revenus. Un artisanat domestique ou à domicile se développa intensivement sur la base de matières premières locales, ce qui devait entraîner la production industrielle. Celle-ci concernait surtout les textiles, les pierres naturelles comme le granit et le marbre, le verre, la porcelaine, les objets en bois et en vannerie, le cuir et les jouets. Le flottage du bois depuis la Forêt Franconienne, en empruntant la Rodach, en direction du Main et du Rhin et jusqu'en Hollande, était jadis célèbre. L'industrie du verre, qui se concentre aujourd'hui dans le Fichtelgebirge et dans le «coin de Tettau», au nord de Kronach, compte parmi les plus anciennes. La production de céramique (faïences de Bayreuth, cruches de Creussen, poteries de Thurnau) prit un essor imprévisible grâce à la porcelaine et la Haute-Franconie orientale, entre Hohenberg, Arzberg, Marktredwitz, Rehau, et Selb, la capitale de la porcelaine, devint le centre de l'industrie allemande de la porcelaine. La branche la plus puissante reste, comme dans le passé, l'industrie textile qui marque la structure économique, en particulier dans le secteur Hof-Kulmbach-Bayreuth et Bamberg-Forchheim. La culture locale de l'osier dans la région du Haut-Main fut le point de départ de l'industrie de la vannerie et du mobilier rembourré à Staffelstein, Michelau et à Lichtenfels, la «capitale de la vannerie allemande».

A côté de ces «industries classiques», parmi lesquelles figurent aussi par exemple la confection de jouets et de décorations pour sapins de Noël dans la région de Coburg avec la ville des poupées Neustadt près de Coburg, et l'industrie du cuir à Burgkunstadt, Rehau, Naila, l'électrotechnique et la construction de machines ont gagné de l'importance, complétées par des entreprises de l'industrie chimique et des matières synthétiques et surtout dans la branche de l'alimentation et des denrées de luxe. Sans oublier la bière qui a valu le surnom de «Bierfranken» (Franconie de la Bière) à la Haute-Franconie. La partie occidentale du pays présente la plus grande densité de brasseries au monde; et chacune des grandes cités de la bière possède ses propres spécialités: Hof et Bayreuth, Bamberg et sa bière fumée, ainsi que Kulmbach où l'on fabrique la bière la plus forte du monde.

La variété de la Haute-Franconie apparaît aussi bien dans son économie que dans la riche histoire de sa civilisation ainsi que dans sa vie culturelle présente. Il existe une offre de manifestations culturelles vraiment serrée dans les quatre «unités de civilisation» de Haute-Franconie (le Bamberg des princes-évêques, le Bayreuth des margraves, le duché de Coburg et le pays du Vogtland et du Sechsämterland autour de Hof, Selb et Wunsiedel): des théâtres, des orchestres, des bibliothèques, des musées, des écoles supérieures ou professionnelles, ainsi que, régulièrement, des manifestations festives. Citons le Festival de Bayreuth, attirant des artistes et des spectateurs du monde entier, les Rencontres Internationales du Festival destinées à la Jeunesse, la «Semaine Festive Franconienne» à l'Opéra des Margraves; ou bien le Festival de Luisenburg à Wunsiedel, sur la scène en plein air la plus belle et la plus ancienne d'Allemagne, les représentations du théâtre de verdure de Trebgast et le Festival Calderon à Bamberg. Outre le théâtre de Bamberg, il existe encore le «théâtre des trois rubriques» (Dreispartentheater) à Coburg et à Hof, des représentations de l'orchestre symphonique de Bamberg et de celui de Hof, la série de manifestations à Hof (Culture Hofoise, Eté Hofois et Automne Hofois), les Journées Internationales du Cinéma de Hof, ainsi que les Journées du Cinéma en Région Frontalière à Selb, des séries de concerts avec des formations réputées, comme la «Musica Bayreuth», les Sérénades du Plassenburg à Kulmbach, les «Journées Bach» de Münchberg, les concerts estivaux de Pegnitz, les concerts au château de Pommersfelden, des récitals de musique sacrée dans des églises, comme par exemple l'église de Lindenhardt, rendue célèbre par son autel de Grünewald, ou l'église baroque de Pilgramsreuth, «l'église villageoise la plus belle de Bavière»...et plus de 80 musées et collections.

L'art de la table

Chaque région possède son propre caractère gastronomique. La cuisine de la Haute-Franconie revêt autant de formes que ses paysages. Issue de traditions paysannes, elle propose des plats sains et nourrissants. Les «Klösse» (grosses boules de pâte), les saucisses grillées et les mets fumés continuent toujours à jouir de la plus grande faveur. Il faut y ajouter tout ce que les forêts, les rivières et les étangs fournissent comme gibiers et comme poissons, ainsi que tout ce qu'apporte une riche culture potagère développée très tôt. Et la bière, naturellement. Il est peut-être surprenant de penser que ce pays de rêve pour un amateur de bière, avec ses innombrables petites brasseries locales, était autrefois une région vinicole. Partout on cultivait la vigne et on buvait du vin, jusqu'à ce que la bière ait pris le dessus. Selon une chronique, le triomphe de la saucisse grillée commença en 1341. Depuis lors, elle existe rôtie, grillée ou même fermentée dans une décoction vinaigrée sous le nom de «bouts de saucisses bleus». La saucisse du «Zwiebeltreter» de Bamberg est la création la plus récente, la saucisse de Coburg, grillée sur des braises de pommes de pins, bat le record de grande échelle. Et si l'on parle de saucisses, il ne faut pas oublier d'évoquer les «Wörschtlamänner» (marchands de saucisses de la rue) qui proposent leur marchandise chaude dans leurs chaudrons de cuivre avec ce refrain: «Elles sont brûlantes, elles refroidiront d'elles-mêmes.»

La pomme de terre donna lieu à des exploits de pionniers. La pomme de terre («Erpfl» = «Erdäpfel»), qui combla alors plus d'une carence alimentaire et qui finit par figurer à table comme nourriture quotidienne dans un nombre prodigieux de plats, a été introduite dès 1648, juste après la Guerre de Trente Ans et longtemps avant l'époque du roi de Prusse. Les «Klösse» crues ou vertes sont le couronnement des plats à base de pomme de terre. Les «Klösse» nécessitent beaucoup de sauce et elles constituent également la partie essentielle de tous les repas de fêtes.

En Haute-Franconie, il y a continuellement des festivités: depuis le baptême, en passant par le mariage, la communion et la confirmation, jusqu'aux fêtes champêtres, aux fêtes de la bière et celles des sociétés de tir; mais la principale festivité, autour de laquelle tourne l'année entière, est la kermesse (Kirchweih) que l'on célèbre même là où il n'y a aucune église. Personne ne mange ni ne trinque seul. Tout le monde se côtoie en bonne intelligence, se rassemble et bavarde, car le Franconien est quelqu'un qui aime dialoguer. Et nombreux sont ceux qui ressentent alors ce que l'on entrevoit durant l'enfance et que chacun ne cesse de rechercher: le pays natal.

Vorhergehende Seite: Blick auf Lauenstein;
diese Seite: Innenhof der Burg Lauenstein;
nächste Seite: Ludwigsstadt (oben links), Schäfer
mit seiner Herde bei Nordhalben (unten links),
Schloßbergturm in Lichtenberg (rechts).

Previous page: view of Lauenstein; this page:
inner courtyard of Lauenstein Castle; overleaf:
Ludwigsstadt (top left), shepherd with his flock,
near Nordhalben (bottom left), tower on the
castle hill at Lichtenberg (right).

Page précédente: vue sur Lauenstein; ci-contre:
cour intérieure du château de Lauenstein; page
suivante: Ludwigsstadt (en haut à gauche),
berger avec son troupeau près de Nordhalben
(en bas à gauche), tour de la butte du château à
Lichtenberg (à droite).

Vorhergehende Seite: Blick vom König David ins wildromantische Höllental; diese Seite: im Höllental - Sägewerk (oben links), Hirschsprung auf dem König David (oben rechts), Brunnenhaus (unten links), Teufelssteg über die Selbitz (unten rechts).

Previous page: view from King David mountain into the romantic Höllental valley; this page: in the Höllental - sawmill (top left), stag leaping on King David mountain (top right), well pavilion (bottom left), the Devil's Footbridge over the Selbitz (bottom right).

Page précédente: vue depuis le mont du Roi David dans la vallée romantique et sauvage de Höllental; ci-contre: la vallée de Höllental - scierie (en haut à gauche), le Saut du Cerf sur le mont du Roi David (en haut à droite), kiosque de la source minérale (en bas à gauche), la Passerelle du Diable enjambe la Selbitz (en bas à droite).

Flur bei Griesbach (oben links), Blick auf Bobengrün (unten links) und Bad Steben (oben rechts), Säulenwandelhalle in Bad Steben (unten rechts); nächste Seite: Marxgrün und Gerlaser Höhe.

Meadow near Griesbach (top left), view of Bobengrün (bottom left) and Bad Steben (top right), colonnaded hall in Bad Steben (bottom right); overleaf: Marxgrün and the Gerlas hills.

Prairie dans les environs de Griesbach (en haut à gauche), vue sur Bobengrün (en bas à gauche) et sur Bad Steben (en haut à droite), promenoir à colonnades à Bad Streben (en bas à droite) page suivante: Marxgrün et les hauteurs de Gerlas.

Vorhergehende Seite: Sommermorgen auf dem Spitzberg; diese Seite: Naila (oben links), Schloß Schauenstein (unten links), Weberhaus in Neudorf (rechts).

Previous page: a summer morning on the Spitzberg; this page: Naila (top left), Schauenstein Castle (bottom left), weavers' house in Neudorf (right).

Page précédente: matin d'été sur le Spitzberg; ci-contre: Naila (en haut à gauche), le château de Schauenstein (en bas à gauche), maison des tisserands à Neudorf (à droite).

Geroldsgrün (oben links), Taufengel in der Kirche zu Geroldsgrün (oben rechts), Frankenwaldidyllen bei Grubenberg (unten); nächste Seite: in Kleinschwarzenbach.

Geroldsgrün (top left), baptismal angel in Geroldsgrün church (top right), idyllic spot in the Franconian Forest near Grubenberg (bottom); overleaf: Kleinschwarzenbach.

Geroldsgrün (en haut à gauche), ange baptismal dans l'église de Geroldsgrün (en haut à droite), idylle dans la Forêt Franconienne près de Grubenberg (en bas); page suivante: à Kleinschwarzenbach.

42

Vorhergehende Seite: Schwarzenbach a. Wald (oben links), Blick zum Döbraberg (oben rechts) und auf Marktleugast (unten rechts), Schwarzenstein (unten links); diese Seite: Steinachklamm (links), Wallfahrtskirche Marienweiher (oben rechts), in Kupferberg (unten rechts).

Previous page: Schwarzenbach am Wald (top left), view of the Döbraberg (top right) and of Marktleugast (bottom right), Schwarzenstein (bottom left); this page: the Steinach gorge (left), the pilgrimage church of Marienweiher (top right), Kupferberg (bottom right).

Page précédente: Schwarzenbach am Wald (en haut à gauche), vue sur le Döbraberg (en haut à droite) et sur Marktleugast (en bas à droite), Schwarzenstein (en bas à gauche); ci-contre: les gorges de Steinach (à gauche), l'église de pélerinage de Marienweiher (en haut à droite), à Kupferberg (en bas à droite)

45

Winterlicher Frankenwald:
Altenreuth (vorhergehende Seite);
diese Seite: Aussichtsturm auf dem
Pressecker Knock (oben rechts),
Kapelle bei Birnbaum (unten links),
die Selbitz (unten rechts).

The Franconian Forest in winter:
Altenreuth (previous page); this
page: observation tower on the
Pressecker Knock (top right), chapel
near Birnbaum (bottom left), the
Selbitz (bottom right).

La Forêt Franconienne en hiver:
Altenreuth (page précédente); ci-
contre: tour panoramique sur le
Pressecker Knock (en haut à droite),
chapelle près de Birnbaum (en bas à
gauche), la Selbitz (en bas à droite).

Flur bei Grafengehaig (oben links) und Schnebes (unten links), Wolfersgrün (unten rechts), Grafengehaig (oben rechts); nächste Seite: Blick zur Schnaid.

Meadow near Grafengehaig (top left) and Schnebes (bottom left), Wolfersgrün (bottom right), Grafengehaig (top right); overleaf: view of Schnaid.

Prairie dans les environs de Grafengehaig (en haut à gauche) et Schnebes (en bas à gauche), Wolfersgrün (en bas à droite), Grafengehaig (en haut à droite); page suivante: vue sur Schnaid.

Vorhergehende Seite: Wellesmühle; diese Seite: Schindelthal (oben links), Trinkwassertalsperre Mauthaus (oben rechts), Wallenfels im Tal der Wilden Rodach (unten links), Frankenwald bei Geuser (unten rechts).

Previous page: Wellesmühle; this page: Schindelthal (top left), drinking water dam of Mauthaus (top right), Wallenfels in the Wilde Rodach valley (bottom left), the Franconian Forest near Geuser (bottom right).

Page précédente: Wellesmühle; ci-contre: Schindelthal (en haut à gauche), barrage d'eau potable du val de Mauthaus (en haut à droite) Wallenfels dans la vallée de la Wilde Rodach (en bas à gauche), la Forêt Franconienne près de Geuser (en bas à droite).

Vorhergehende Seite: Mühlenmuseum Teichmühle bei Steinwiesen (oben links), in Zeyern (oben rechts), Köhler im Thiemitztal (unten links), Floßfahrt auf der Wilden Rodach (unten rechts); diese Seite: Dorfidyllen im Frankenwald – Schieferhäuser in Neukenroth (oben links) und Eila.

Previous page: "Teichmühle" mill museum, close by Steinwiesen (top left), Zeyern (top right), charcoal burner in the Thiemitz valley (bottom left), a raft trip down the Wilde Rodach (bottom right); this page: village idyll in the Franconian Forest – slate houses in Neukenroth (top left) and Eila.

Page précédente: musée des moulins «Teichmühle» près de Steinwiesen (en haut à gauche), à Zeyern (en haut à droite), charbonnier dans la vallée de Thiemitz (en bas à gauche), flottage du bois sur la Wilde Rodach (en bas à droite); ci-contre: villages idylliques dans la Forêt Franconienne – maisons d'ardoise à Neukenroth (en haut à gauche) et à Eila.

Vorhergehende Seite: am Steinwehr in Kronach; diese Seite: in Kronach – Festung Rosenberg (links oben und unten), Bamberger Tor (oben rechts).

Previous page: stone dam in Kronach; this page: Kronach – Rosenberg Castle (top and bottom left), Bamberg Gateway (top right).

Page précédente: au bord du barrage de pierres à Kronach; ci-contre: à Kronach – forteresse de Rosenberg (à gauche en haut et en bas), la Porte de Bamberg (en haut à droite).

Vorhergehende Seite: Wasserschloß Mitwitz; diese Seite: in Küps.

Previous page: Mitwitz Castle, surrounded by water; this page: Küps.

Page précédente: château entouré d'eau de Mitwitz; ci-contre: à Küps.

Vorhergehende Seite: Blick auf Coburg und die Veste; diese Seite: Veste Coburg - Fürstenbau und Lutherkapelle von der Hohen Bastei (oben links), Zugang zur Veste mit Vortor und Torturm (rechts), äußerer Burghof und Fürstenbau (unten links).

Previous page: view of Coburg and the "Veste"; this page: the Veste in Coburg - the Princes' Residence and Luther's chapel viewed from the High Bastion (top left); entrance to the Veste with the outer gateway and the gateway tower (right), exterior courtyard and Princes' Residence (bottom left).

Page précédente: vue sur Coburg et la forteresse; ci-contre: la forteresse de Coburg - le pavillon princier et la chapelle de Luther vus du Haut Bastion (en haut à gauche); accès à la forteresse avec l'Avant-Porte et la Tour de la Porte (à droite), cour extérieure du château et pavillon princier (en bas à gauche).

Häuserschmuck in Coburg: Standbild Herzog Casimirs am Gymnasium Casimirianum (oben links), Erker und Ritterfiguren am Stadthaus (oben rechts, unten links), Chörlein und Madonna an der Hofapotheke; nächste Seite: Coburger Convent auf dem Marktplatz.

House decoration in Coburg: statue of Duke Casimir on the wall of the Casimirianum grammar school (top left), oriel window and statues of knights on the town house (top right, bottom left), miniature choir group and figure of the Madonna on the "Hofapotheke" pharmacy; overleaf: gathering of student fraternities in Coburg marketplace.

Maisons décorées à Coburg: statue du Duc Casimir du Lycée Casimirianum (en haut à gauche), encorbellement et statues de chevaliers de l'Hôtel de Ville (en haut à droite, en bas à gauche), chœur miniature et Madonne de la pharmacie «Hofapotheke»; page suivante: rassemblement de corporation estudiantine sur la Place du Marché à Coburg.

Coburg: Rathaus am Markt (vorhergehende Seite); diese Seite: das Schloß Ehrenburg mit dem Denkmal des Herzogs Ernst I. (oben links), das Landestheater (unten links), Morizkirche (rechts).

Coburg: town hall on the marketplace (previous page); this page: Ehrenburg Castle with the statue of Duke Ernst I (top left), the regional theatre (bottom left), the church of St. Moriz (right).

Coburg: mairie sur la place du Marché (page précédente); ci-contre: le château d'Ehrenburg avec le monument au Duc Ernst 1er (en haut à gauche), le théâtre régional (en bas à gauche), l'église St Moriz (à droite).

Vorhergehende Seite: Schloß Rosenau; diese Seite: Schloß Ahorn (oben links), Alte Schäferei in Ahorn (oben rechts), Schloß Tambach (unten links), Seßlach (unten rechts).

Previous page: Rosenau Castle; this page: Ahorn Castle (top left), old sheep farm in Ahorn (top right), Tambach Castle (bottom left), Sesslach (bottom right).

Page précédente: le château de Rosenau; ci-contre: le château d'Ahorn (en haut à gauche), Ancienne Bergerie à Ahorn (en haut à droite), le château de Tambach (en bas à gauche), Sesslach (en bas à droite).

Rathaus in Marktzeuln (links), Blick auf Marktzeuln (oben rechts), St.-Ägidius-Kirche in Redwitz a. d. Rodach (unten rechts); nächste Seite: Ensemble von Fachwerkhäusern in Burgkunstadt.

Marktzeuln town hall (left), view of Marktzeuln (top right), the church of St. Aegius in Redwitz on the Rodach (bottom right); overleaf: group of half-timbered houses in Burgkunstadt.

Mairie à Marktzeuln (à gauche), vue sur Marktzeuln (en haut à droite), église Sᵗ Egide à Redwitz sur la Rodach (en bas à droite); page suivante: groupe de maisons à colombages à Burgkunstadt.

Diese Seite: Korbmarkt in Lichtenfels; nächste Seite: Blick auf Vierzehnheiligen.

This page: basketwork market in Lichtenfels; overleaf: view of Vierzehnheiligen.

Ci-contre: marché de vannerie à Lichtenfels; page suivante: vue sur Vierzehnheiligen.

Wallfahrtskirche Vierzehnheiligen (links), Kloster Banz (rechts); nächste Seite: Blick auf Staffelstein.

Pilgrimage church of Vierzehnheiligen (left), Banz Abbey (right); overleaf: view of Staffelstein.

Eglise de pélerinage de Vierzehnheiligen (à gauche), monastère de Banz (à droite); page suivante: vue sur Staffelstein.

Vorhergehende Seite: Rathaus in Staffelstein; diese Seite: Torturm und Wirtshausausleger in Staffelstein; nächste Seite: Adelgundiskapelle auf dem Staffelberg; übernächste Seite: Blick vom Staffelberg ins Maintal.

Previous page: Staffelstein town hall; this page: gateway tower and pub sign in Staffelstein; overleaf: the chapel of Adelgundis on the Staffelberg; page after next: view from the Staffelberg down into the Main valley.

Page précédente: mairie de Staffelstein; ci-contre: Tour de la Porte et enseignes d'auberges à Staffelstein; page suivante: chapelle d'Adelgundis sur le Staffelberg; troisième page: vue sur la vallée du Main depuis le Staffelberg.

Vorhergehende Seite: Altes Rathaus in Bamberg; diese Seite: Bamberg - Standbild der hl. Kunigunde auf der Unteren Brücke (oben links), Detail der Fassadenmalerei am Alten Rathaus (unten links), Fischerstechen in Klein Venedig (unten rechts), Blick vom Geyerswörthschloß auf die Stadt (oben rechts).

Previous page: old town hall in Bamberg; this page: Bamberg - statue of St. Kunigunde on the lower bridge (top left), close-up view of the paintings on the façade of the old town hall (bottom left), aquatic tournament in Little Venice (bottom right), view from Geyerswörth Castle over the town (top right).

Page précédente: Ancienne Mairie de Bamberg; ci-contre: Bamberg - statue de Ste Kunigunde sur le Pont Inférieur (en haut à gauche), détail des peintures de l'Ancienne Mairie (en bas à gauche), tournoi aquatique des pêcheurs dans la Petite Venise (en bas à droite), vue sur la ville depuis le château de Geyerswörth (en haut à droite).

Bamberger Dom; nächste Seite: der Bamberger Reiter im Dom (oben links), Renaissancebau der Ratsstube und Schöne Pforte an der Alten Hofhaltung (unten links), Innenansicht des Doms (rechts).

Bamberg cathedral; overleaf: the Bamberg horseman in the cathedral (top left), Renaissance "Ratsstube" and the "Splendid Gateway" of the Ancient Court (bottom left), interior view of the cathedral (right).

Cathédrale de Bamberg; page suivante: le Cavalier de Bamberg dans la cathédrale (en haut à gauche), bâtiment Renaissance de la Salle du Conseil et la Belle Porte voisine de l'Ancienne Cour (en bas à gauche), intérieur de la cathédrale (à droite).

Vorhergehende Seite: die chem. Bene
diktinerabtei St. Michael in Bamberg,
vom Rosengarten gesehen; diese Seite: in
Bamberg - Neue Residenz (oben links),
Grüner Markt mit Martinskirche und
Gabelmannbrunnen (oben rechts), am
Geyerswörthschloß (unten).

Previous page: the former Benedictine
abbey of St. Michael in Bamberg, viewed
from the rose garden; this page: Bamberg - the New Residence (top left), the
Green Market with the church of
St. Martin and the Gabelmann fountain
(top right), Geyerswörth Castle (bottom).

Page précédente: l'ancienne abbaye
bénédictine St Michel à Bamberg, vue
depuis la roseraie; ci-contre: à Bamberg -
Nouvelle Résidence (en haut à gauche), la
place du Grüner Markt avec l'église
St Martin et la fontaine Gabelmann
(en haut à droite), environs du château
de Geyerswörth (en bas).

Bamberg: Innenhof der Alten Hof-
haltung (oben links) und des
Böttingerhauses (unten rechts),
Karmelitenkloster (oben rechts), Main-
Donau-Kanal (unten links); nächste
Seite: Wasserschloß Concordia.

Bamberg, inner courtyard of the
Ancient Court (top left) and of the
Böttinger House (bottom right),
Carmelite monastery (top right), the
Main-Danube canal (bottom left);
overleaf: Concordia Palace, surrounded
by water.

Bamberg cour intérieure de l'Ancienne
Cour (en haut à gauche) et de la
Maison Böttinger (en bas à droite),
couvent des carmélites (en haut à
droite) Canal du Main au Danube (en
bas à gauche); page suivante: château
entouré d'eau Concordia.

An der Giechburg (oben links), Schloß Burgwindheim (oben rechts), Schloß Seehof (unten links), Klosterkirche mit Fensterrosette in Ebrach (unten rechts); nächste Seite: Schloß Weißenstein bei Pommersfelden.

Giechburg Castle (top left), Burgwindheim Castle (top right), Seehof Castle (bottom left), monastery church with rosette window in Ebrach (bottom right); overleaf: Weissenstein Castle near Pommersfelden.

Près du château de Giechburg (en haut à gauche), château de Burgwindheim (en haut à droite), château de Seehof (en bas à gauche), l'église du couvent avec sa rosace à Ebrach (en bas à droite); page suivante: château de Weissenstein près de Pommersfelden.

Vorhergehende Seite: Rathausplatz in Forchheim; diese Seite: im Pfalzmuseum in Forchheim (oben links), Schloß Wiesenthau (unten links), Jagdschloß Jägersburg bei Forchheim (rechts).

Previous page: town hall square in Forchheim; this page: the palatinate museum in Forchheim (top left), Wiesenthau Castle (bottom left), Jägersburg hunting lodge near Forchheim (right).

Page précédente: place de la Mairie à Forchheim; ci-contre: dans le musée palatin à Forchheim (en haut à gauche), château de Wiesenthau (en bas à gauche), pavillon de chasse de Jägersburg près de Forchheim (à droite).

87

Fronleichnamsprozession in Effeltrich (oben links), Braut-krone der Mädchen (oben rechts), Georgiritt in Effeltrich (unten); nächste Seite: Ernte-dank - Früchtemosaik in der Kirche zu Kirchehrenbach.

Corpus Christi procession in Effeltrich (top left), traditional bridal headdress (top right), St. George processsion on horseback in Effeltrich (bottom); overleaf: harvest festival - fruit mosaic in Kirchehrenbach church.

Procession de la Fête-Dieu à Effeltrich (en haut à gauche), couronne de mariée des jeunes filles (en haut à droite), défilé de St Georges à Effeltrich (en bas); page suivante: fête d'action de grâce pour la récolte - mosaïque de fruits dans l'église de Kirchehrenbach.

Vorhergehende Seite: Blick auf
Egloffstein; diese Seite: Richard-
Wagner-Fels (oben links), bei
Hollenberg (oben rechts), Leienfels
(unten).

Previous page: view of Egloffstein;
this page: Richard Wagner Rock
(top left), near Hollenberg (top
right), Leienfels (bottom).

Page précédente: vue sur
Egloffstein; ci-contre: le Rocher de
Richard Wagner (en haut à gauche),
les environs de Hollenberg (en haut
à droite), Leienfels (en bas).

Vorhergehende Seite: Pottenstein; diese Seite: österlich geschmückter Elisabethbrunnen in Pottenstein (rechts), Schwalbenlochhöhle bei Pottenstein (oben links), Teufelshöhle (unten links).

Previous page: Pottenstein; this page: Easter decorations on the St. Elisabeth fountain in Pottenstein (right), the Schwalbenloch cave near Pottenstein (top left), the Devil's Cave (bottom left).

Page précédente: Pottenstein; ci-contre: décorations pascales de la Fontaine Ste Elisabeth à Pottenstein (à droite), grotte de Schwalbenloch près de Pottenstein (en haut à gauche), Grotte du Diable (en bas à gauche).

Ehem. Judenhof in Tüchersfeld (links), Synagoge im Fränkische-Schweiz-Museum in Tüchersfeld (oben rechts), Schmiedeeisengitter der Dreifaltigkeitskapelle in Gößweinstein (unten rechts); nächste Seite: Gößweinstein mit Blick auf Wallfahrtskirche und Burg; übernächste Seite: Ruine Neideck.

Old Jewish courtyard in Tüchersfeld (left), synagogue in the museum of Franconian Switzerland in Tüchersfeld (top right), wrought iron gate of the chapel of the Holy Trinity in Gössweinstein (bottom right); overleaf: Gössweinstein, with a view of the pilgrimage church and the castle; page after next: the ruins of Neideck Castle.

Ancienne Cour des Juifs à Tüchersfeld (à gauche), synagogue dans le musée de la Suisse Franconienne à Tüchersfeld (en haut à droite), grille en fer forgé de la chapelle de la Ste Trinité à Gössweinstein (en bas à droite); page suivante: Gössweinstein avec vue sur l'église de pèlerinage et le château; troisième page: ruine de Neideck.

Vorhergehende Seite: Streitberg; diese Seite: Ebermannstadt (oben links), Madonna im Strahlenkranz aus der Marienkapelle in Ebermannstadt (oben rechts), Waldkapelle auf der Wallerwarte (unten links), Kürbisfest in Muggendorf (unten rechts); nächste Seite: Burg Rabeneck (oben links), Burg Rabenstein (oben rechts), Waischenfeld (unten links) und sein Wahrzeichen, der Steinerne Beutel (unten rechts).

Previous page: Streitberg; this page: Ebermannstadt (top left), haloed figure of the Madonna from the chapel of the Virgin Mary in Ebermannstadt (top right), forest chapel on the Wallerwarte (bottom left), pumpkin festival in Muggendorf (bottom right); overleaf: Rabeneck Castle (top left), Rabenstein Castle (top right), Waischenfeld (bottom left) and its symbol, the tower of the "stone purse" (bottom right).

Page précédente: Streitberg; ci-contre: Ebermannstadt (en haut à gauche), Madonne auréolée de la chapelle Ste Marie à Ebermannstadt (en haut à droite), chapelle forestière sur la Wallerwarte (en bas à gauche), fête des potirons à Muggendorf (en bas à droite); page suivante: château de Rabeneck (en haut à gauche), château de Rabenstein (en haut à droite), Waischenfeld (en bas à gauche) et son symbole, la tour du «Sac en Pierre» (en bas à droite).

Idyllen in der Fränkischen Schweiz: Aufseßmündung bei Doos (rechts oben), Judenfriedhof Hagenbach (unten links), Besinnung am Wegkreuz (oben links) und Muße im Talgrund (unten rechts); nächste Seite: Schulmühle.

Idyllic spots in Franconian Switzerland: the mouth of the Aufsess near Doos (top right), Jewish cemetery at Hagenbach (bottom left), a stop to meditate by a wayside cross (top left) and a moment's leisure in the depths of the valley (bottom right); overleaf: school-mill.

Endroits paisibles de la Suisse Franconienne: embouchure de l'Aufsess près de Doos (en haut à droite), cimetière juif de Hagenbach (en bas à gauche), méditation près du chemin de croix (en haut à gauche) et détente au fond de la vallée (en bas à droite); page suivante: moulin-école.

Blick auf Nankendorf (links), der hl. Wendelin in der Pfarrkirche zu Nankendorf (rechts); nächste Seite: Schloß Unteraufseß.

View of Nankendorf (left), St. Wendelin in Nankendorf parish church (right); overleaf: Unteraufsess Castle.

Vue sur Nankendorf (à gauche), St Wendelin dans l'église paroissiale de Nankendorf (à droite); page suivante: château d'Unteraufsess.

Vorhergehende Seite: Schloß Greifenstein; diese Seite: Ahnensaal auf Schloß Greifenstein (unten links), Schloß Freienfels (oben links), Schloß Wiesentfels (rechts).

Previous page: Greifenstein Castle; this page: ancestral gallery in Greifenstein Castle (bottom left), Freienfels Castle (top left), Wiesentfels Castle (right).

Page précédente: château de Greifenstein; ci-contre: galerie des ancêtres du château de Greifenstein (en bas à gauche), château de Freienfels (en haut à gauche), château de Wiesentfels (à droite).

In Sanspareil: Burg Zwernitz (oben links), Morgenländischer Bau (rechts), Theater im Felsengarten (unten links); nächste Seite: Schloß Fantaisie in Donndorf.

At Sanspareil: Zwernitz Castle (top left), oriental pavilion (right), theatre in the rock garden (bottom left); overleaf: Fantaisie Palace in Donndorf.

A Sanspareil: château de Zwernitz (en haut à gauche), pavillon oriental (à droite), théâtre dans le jardin de rocailles (en bas à gauche); page suivante: château Fantaisie à Donndorf.

Bayreuth: auf dem Marktplatz (vorhergehende Seite); diese Seite: ev. Stadtpfarrkirche von Osten.

Bayreuth: market place (previous page); this page: the Protestant town parish church, viewed from the East.

Bayreuth: sur la Place du Marché (page précédente); ci-contre: église protestante de la Cité, vue de l'Est.

Bayreuth: Altes Schloß (oben links), Markgräfliches Opernhaus (oben rechts), Grab Jean Pauls (unten links), Blick zur ev. Stadtpfarrkirche (unten Mitte), Markgrafenbrunnen vor dem Neuen Schloß (unten rechts); nächste Seite: das Festspielhaus; folgende Doppelseite: Obere Grotte in der Eremitage.

Bayreuth: the "Old Palace" (top left), the margravial opera house (top right), Jean Paul's grave (bottom left), view of the Protestant town parish church (bottom middle), the fountain of the Margraves in front of the "New Palace" (bottom right); overleaf: the Wagner Festival Theatre; next double page: upper grotto in the Hermitage.

Bayreuth: Ancien Palais (en haut à gauche), Opéra des Margraves (en haut à droite), tombe de Jean Paul (en bas à gauche), vue sur l'église protestante de la Cité (en bas au milieu), Fontaine des Margraves devant le Nouveau Palais (en bas à droite); page suivante: le Théâtre du Festival Wagner; double page suivante: grotte supérieure à l'Eremitage.

Vorhergehende Seite: Blick auf Kulmbach und die Plassenburg; diese Seite: der Schöne Hof der Plassenburg.

Previous page: view of Kulmbach and Plassenburg Castle; this page: the "Splendid Courtyard" of Plassenburg Castle.

Page précédente: vue sur Kulmbach et le château de Plassenburg; ci-contre: la Belle Cour du Plassenburg.

Wirsberg (oben links), Warmensteinach (oben rechts), Herrenstand über dem Eingang der ev. Pfarrkirche in Thurnau (unten links), Kreuzgang im ehem. Zisterzienserkloster in Himmelkron (unten Mitte), Schloßturm und Fachwerkhäuser in Bad Berneck; nächste Seite: Blick zum Ochsenkopf.

Wirsberg (top left), Warmensteinach (top right), gentlemen's gallery above the entrance to the Protestant parish church in Thurnau (bottom left), cloister in the former Cistercian monastery in Himmelkron (bottom middle), castle tower and half-timbered houses in Bad Berneck; overleaf: view of the Ochsenkopf.

Wirsberg (en haut à gauche), Warmensteinach (en haut à droite), tribune des messieurs au-dessus de l'entrée de l'église paroissiale protestante de Thurnau (en bas à gauche), cloître dans l'ancien monastère cistercien de Himmelkron (en bas au milieu), tour du château et maisons à colombages à Bad Berneck; page suivante: vue sur l'Ochsenkopf.

Fernsehturm (links) und Asenturm (oben rechts) auf dem Ochsenkopf, Wahrzeichen: Kopf eines Ochsen und der Siebenstern, Symbolblume des Fichtelgebirges (rechts unten); nächste Seite: Aussicht vom Weißmainfels.

Television tower (left) and the Aesir tower (top right) on the Ochsenkopf, emblems: head of an ox and the seven star primrose, the symbolic flower of the Fichtelgebirge (bottom right); overleaf: view from Weissmainfels' rock.

Tour de télévision (à gauche) et tour des Ases (en haut à droite) sur l'Ochsenkopf, emblèmes: tête de bœuf et étoile à sept branches, fleur symbolique du Fichtelgebirge (en bas à droite); page suivante: panorama depuis le rocher de Weissmainfels.

Quelle der Fichtelnaab (oben links), Weißmainquelle (unten rechts), am Weißmainfels (oben rechts), der Karchesweiher (unten links); nächste Seite: der Fichtelsee.

Source of the Fichtelnaab (top left), source of the White Main (bottom right), at the foot of the Weissmainfels' rock (top right), the Karchesweiher pond (bottom left); overleaf: Lake Fichtelsee.

Source de la Fichtelnaab (en haut à gauche), source du Main Blanc (en bas à droite), au pied du rocher de Weissmainfels (en haut à droite), étang de Karchesweiher (en bas à gauche); page suivante: le lac de Fichtelsee.

Vorhergehende Seite: auf der Platte; diese Seite: Seehaus (oben links), Blockmeer der Platte (unten links), Blick vom Nußhardt zum Schneeberg.

Previous page: on the heights of the Platte; this page: the "Seehaus" lodge (top left), the Platte's "block sea" (bottom left), view of the Schneeberg from Nusshardt mountain.

Page précédente: sur les hauteurs du Platte; ci-contre: le gîte du «Seehaus» (en haut à gauche), la Mer de Blocs du Platte (en bas à gauche), vue sur le Schneeberg depuis le Nusshardt (à droite).

Vorhergehende Seite: Schneeberg und Ochsenkopf; diese Seite: Felsenlabyrinth Luisenburg (oben links), Freilichtbühne Luisenburg (rechts), im Fichtelgebirgsmuseum (unten links).

Previous page: the Schneeberg and the Ochsenkopf; this page: the Luisenburg rock labyrinth (top left), Luisenburg open-air theatre (right), in the Fichtelgebirge museum (bottom left).

Page précédente: le Schneeberg et l'Ochsenkopf; ci-contre: labyrinthe de rochers de Luisenburg (en haut à gauche), théâtre de verdure de Luisenburg (à droite), dans le musée du Fichtelgebirge (en bas à gauche).

Vorhergehende Seite: Blockmeer auf dem Haberstein mit Blick zum Ochsenkopf; diese Seite: auf der Kösseine - Fernsicht nach Westen (oben links) und Osten (unten rechts), Abendstimmung im Fichtelgebirge (unten links), vom Kösseineturm (oben rechts) aus gesehen.

Previous page: "block sea" on the Haberstein, with a view of the Ochsenkopf; this page: on the Kösseine - panoramic view towards the West (top left) and East (bottom right), evening revery in the Fichtelgebirge (bottom left), viewed from the Kösseine tower (top right).

Page précédente: Mer de Blocs sur le Haberstein avec vue sur l'Ochsenkopf; ci-contre: sur le mont Kösseine - vue étendue sur l'Ouest (en haut à gauche) et l'Est (en bas à droite), calme du soir dans le Fichtelgebirge (en bas à gauche), contemplé depuis la tour du Kösseine (en haut à droite).

Vorhergehende Seite: Weißenstadt im Abendlicht; diese Seite: Blick vom Waldsteingipfel auf Weißenstadt und den Weißenstädter See.

Previous page: Weissenstadt at dusk; this page: view from Waldstein summit across to Weissenstadt and Lake Weissenstadt.

Page précédente: Weissenstadt dans la lumière du soir; ci-contre: vue sur Weissenstadt et sur son lac depuis le sommet du Waldstein.

Winter im Fichtelgebirge: der Asenturm auf dem Ochsenkopf (vorhergehende Seite); diese Seite: Skitour auf dem Ochsenkopf (oben links), Schloßruine (rechts) und Teufelstisch (unten links) auf dem Waldstein.

Winter in the Fichtelgebirge: the Aesir tower on the Ochsenkopf (previous page); this page: ski-trip on the Ochsenkopf (top left), castle ruin (right) and the Devil's Table (bottom left) on the Waldstein.

Hiver dans le Fichtelgebirge: la tour des Ases sur l'Ochsenkopf (page précédente); ci-contre: randonnée à skis sur l'Ochsenkopf (en haut à gauche), les ruines du château (à droite) et la Table du Diable (en bas à gauche) sur le Waldstein.

131

Vorhergehende Seite: Burgruine auf dem Epprechtstein; diese Seite: Blick vom Epprechtstein zur Kösseine (oben links), nach Kirchenlamitz und zum Kornberg (unten links), Felsen am Epprechtstein (rechts).

Previous page: castle ruin on the Epprechtstein; this page: view from Epprechtstein to Kösseine (top left), towards Kirchenlamitz and the Kornberg (bottom left), rocks on Epprechtstein (right).

Page précédente: ruines de château sur l'Epprechtstein; ci-contre: vue du haut de l'Epprechtstein sur le Kösseine (en haut à gauche), en direction de Kirchenlamitz et sur le Kornberg (en bas à gauche), rochers de l'Epprechtstein (à droite).

Kanzelträger Moses in der Pilgramsreuther Pfarrkirche (oben links), Förmitzspeicher (unten links), Blick auf Woja (rechts); nächste Seite: ev. Pfarrkirche in Schwarzenbach/Saale.

Figure of Moses supporting the pulpit in the parish church of Pilgramsreuth (top left), Förmitz dam (bottom left), view of Woja (right); overleaf: Protestant parish church in Schwarzenbach/Saale.

Moïse soutenant la chaire dans l'église paroissiale de Pilgramsreuth (en haut à gauche), barrage de Förmitz (en bas à gauche), vue sur Woja (à droite); page suivante: église paroissiale protestante à Schwarzenbach/Saale.

Münchberg (oben links), Schloß Weißdorf (oben rechts), im Bauern-hofmuseum Kleinlosnitz (unten links), Kirche in Döhlau (unten rechts).

Münchberg (top left), Weissdorf Castle (top right), Kleinlosnitz farming museum (bottom left), church in Döhlau (bottom right).

Münchberg (en haut à gauche), château de Weissdorf (en haut à droite), dans le musée paysan de Kleinlosnitz (en bas à gauche), église à Döhlau (en bas à droite).

Schloß Gattendorf (oben links),
Pfarrkirche in Kirchgattendorf (oben
rechts), Taufengel in der Pfarrkirche zu
Regnitzlosau (unten links),
Umgebindehaus bei Nentschau (unten
rechts).

Gattendorf Castle (top left), parish
church in Kirchgattendorf (top right),
baptismal angel in Regnitzlosau parish
church (bottom left), house supported
on beams, near Nentschau (bottom
right).

Château de Gattendorf (en haut à
gauche), église paroissiale de
Kirchgattendorf (en haut à droite), ange
baptiste dans l'église paroissiale de
Regnitzlosau (en bas à gauche), maison
montée sur poteaux et poutres, près de
Nentschau (en bas à droite).

Rathaus in Hof; nächste Seite: Blick auf Hof (oben rechts), St. Lorenz mit Kantoratsgebäude (oben links), die Türme von St. Michaelis (unten links), in der Fußgängerzone Altstadt (unten Mitte), die Freiheitshalle (unten rechts).

Town hall in Hof; overleaf: view of Hof (top right), the church of St. Lawrence with the choirmaster's house (top left), the towers of St. Michael (bottom left), in the pedestrian precinct of the old part of the town (bottom middle), the "Freiheitshalle" theatre (bottom right).

Mairie de Hof; page suivante: vue sur Hof (en haut à droite), Sᵗ Laurent et la maison du cantor (en haut à gauche), les tours de Sᵗ Michel (en bas à gauche), dans la zone piétonnière de la vieille ville (en bas au milieu), la salle de spectacle «Freiheitshalle» (en bas à droite).

In Hof - die Saale mit den Türmen von St. Michaelis und Rathaus (links), die Inkurabel (oben rechts), Kirchenschiff von St. Michaelis (unten rechts); nächste Seite: Wirtschaftsgebäude Theresienstein.

Hof - the Saale with the towers of St. Michael and the town hall (left), the "Inkurabel" house (top right), the nave of St. Michael (bottom right); overleaf: restaurant in the outbuildings of Theresienstein.

A Hof - la Saale avec les tours de Sᵗ Michel et la mairie (à gauche), les Incurables (en haut à droite), la nef de l'église Sᵗ Michel (en bas à droite); page suivante: restaurant dans les communs de Theresienstein.

Am Untreusee (oben links), Pfarrkirche in Köditz (unten links), die Saale vom Petersgrat bei Joditz (rechts); nächste Seite: Flur bei Issigau (oben links) und Berg (oben rechts), Blick in den Frankenwald bei Reitzenstein (unten links), Saalebrücke bei Rudolphstein (unten rechts); übernächste Seite: abendliche Idylle an der Saale.

On Lake Untreusee (top left), parish church in Köditz (bottom left), the Saale, viewed from Petersgrat, near Joditz (right); overleaf: meadow near Issigau (top left) and Berg (top right), view of the Franconian Forest near Reitzenstein (bottom left), bridge across the Saale, close by Rudolphstein (bottom right); page after next: evening idyll on the Saale.

Sur le lac d'Untreusee (en haut à gauche), église paroissiale de Köditz (en bas à gauche), la Saale vue du haut du Petersgrat près de Joditz (à droite); page suivante: prairie dans les environs d'Issigau (en haut à gauche) et de Berg (en haut à droite), vue sur la Forêt Franconienne près de Reitzenstein (en bas à gauche), pont sur la Saale près de Rudolphstein (en bas à droite); troisième page: soirée paisible au bord de la Saale.